Netzwerk

Deutsch als Fremdsprache

A2

Intensivtrainer A2

Paul Rusch

Ernst Klett Sprachen

Stuttgart

Von
Paul Rusch

Projektleitung: Angela Kilimann
Redaktion: Sabine Franke
Gestaltungskonzept, Layout und Cover: Andrea Pfeifer, München
Illustrationen: Florence Dailleux
Satz und Repro: kaltner verlagsmedien GmbH, Bobingen

Bildnachweise:
Cover oben: shutterstock, unten: Fotolia **S. 14** Paul Rusch **S. 19** catlovers – pixelio.de **S. 22** iStockphoto **S. 24** shutterstock.com – Monkey Business **S. 26** avarooa – Fotolia.com **S. 29** Dieter Mayr **S. 34** shutterstock.com – oben: Michael Jung; unten: Pete Pahham **S. 36, S. 39** Paul Rusch **S. 43** iStock – ra photography **S. 44** oben: Cordula Schurig, unten: Paul Rusch **S. 45** Dieter Mayr **S. 54, S. 59** shutterstock.com

Netzwerk A2 – Materialien

Teilbände	
Kurs- und Arbeitsbuch A2.1 mit DVD und 2 Audio-CDs	606142
Kurs- und Arbeitsbuch A2.2 mit DVD und 2 Audio-CDs	606143
Gesamtausgaben	
Kursbuch A2 mit 2 Audio-CDs	606997
Kursbuch A2 mit DVD und 2 Audio-CDs	606998
Arbeitsbuch A2 mit 2 Audio-CDs	606999
Zusatzkomponenten	
Lehrerhandbuch A2	605010
Digitales Unterrichtspaket A2 (DVD-ROM)	605011
Interaktive Tafelbilder A2 (CD-ROM)	605012
Intensivtrainer A2	607000
Testheft A2	605013
Interaktive Tafelbilder zum Download unter www.klett-sprachen.de/tafelbilder	

Symbole

⟨⟩	Aufgabe, die Sie mit und ohne Hilfe lösen können.
(→ 4a)	Diese Übung passt zu Aufgabe 4a im Kursbuch.

Besuchen Sie uns auch im Internet:
www.klett-sprachen.de/netzwerk

1. Auflage 1 9 8 7 | 2021 20 19

Druck und Bindung: Elanders GmbH, Waiblingen

ISBN 978-3-12-607000-3

Inhalt

1 Rund ums Essen

1 Ergänzen Sie die Wörter. (→ 1)

1. Wann gibt es das Essen? Ich habe so einen *Hunger*.
2. Kannst du mir bitte das Brot ___________?
3. Bitte gibt mir das Wasser. Ich habe so ___________.
4. Meine Pizza schmeckt sehr gut. Möchtest du ___________?
5. Wir können gleich essen. Kannst du den Tisch ___________?
6. Mhm, heute gibt's Kuchen. Man kann ihn schon ___________.
7. Kannst du mir ___________ und die Kartoffeln schälen?
8. Ich würde gern noch einen Kaffee ___________. Haben Sie noch Zeit?
9. Currywurst ist sehr fett. Das ist nicht ___________.

decken • Durst • geben • gesund • helfen • ~~Hunger~~ • probieren • riechen • trinken

2 Im Restaurant. Ergänzen Sie die Lücken. (→ 1b)

◆ Also d___ (1). Zum Wohl!
◆ Zum W___ (2)!
◇ Die Pizza f__ (3) Sie und I___ (4) Pasta.
Guten A______ (5)!
◆ Da___ (6).
◆ Und, w__ (7) schmeckt es d__ (8)?
◆ S___ (9) gut. Superlecker. Möchtest d_ (10) ein Stück pr________ (11)?
◆ Ja, b____ (12). – Oh, das ist wir_____ (13) sehr fein.
◆ Und dein Es___ (14)?
◆ Das ist a___ (15) sehr g__ (16). Mö______ (17) du probieren?
◆ N___ (18), danke.

3 Und Ihre Essgewohnheiten? Notieren Sie. (→ 1c)

	Wann?	Wo?	Was?
Frühstück			
Mittagessen			
Abendessen			

4 Im Kochkurs. Was machen die Leute? Ergänzen Sie die Sätze. (→ 2a)

Gemüse waschen • Suppe kochen • Zwiebeln schneiden • Topf auf den Herd stellen • Fisch in die Pfanne geben • Kartoffeln schälen

Cem Metin

Marco

Jean Leichter

Tina und Cem

Laura

Tina Stein

1. Laura ______________________.
2. Marco ______________________.
3. Tina Stein ______________________.
4. Cem Metin ______________________.
5. Tina und Cem ______________________.
6. Jean Leichter ______________________.

5 Welcher Possessivartikel ist richtig? Kreuzen Sie an. (→ 2d)

1. Das ist Cem Metin bei sein ☐ seinem ☒ Hobby.
2. Er macht mit seinen ☒ seine ☐ Kollegen einen Kochkurs.
3. Sie kochen in der Küche von ihren ☐ ihrem ☒ „Lehrer", Jean Leichter.
4. Die Teilnehmer kommen gern zu sein ☐ seinem ☒ Kochkurs.
5. Tina Stein möchte aus ihren ☒ ihre ☐ Kochbüchern Rezepte probieren.
6. Nach ihrem ☒ ihren ☐ Kurs geht sie mit ihre ☐ ihren ☒ Kollegen noch in ein Café.

6 Über's Kochen reden. Ergänzen Sie die Possessivartikel. Achten Sie auf die richtige Form. (→ 2d)

Kochst du die Rezepte aus deinen (1) Kochbüchern? – Nein, ich brauche dafür kein Kochbuch. Ich habe Kochen von meiner (2) Oma gelernt.

Frau Stein, kochen Sie gern mit ihen (3) Kollegen im Kochkurs? – Ja, aber noch lieber gehe ich zu meinem (4) Freund und koche mit ihm in meiner (5) Küche.

Machen Ihnen Ihr (6) Kochkurse Spaß, Herr Leichter? – Oh ja, die Teilnehmer haben viel Spaß mit meinen (7) Kollegen und probieren gern unsere (8) Gerichte.

Habt ihr in euerem (9) Kochkurs gut gegessen? – Na ja, manchmal hat mein (10) Essen schon ein bisschen komisch geschmeckt.

7 Gespräche im Kochkurs. Welche Antwort passt: *Ja, Nein* oder *Doch*? Ergänzen Sie. (→ 4c)

1. ◆ Isst du heute auch Fisch? ◆ *Nein*, ich habe Lust auf Fleisch.
2. ◆ Macht es dir Spaß? ◆ ______, sogar sehr.
3. ◆ Hast du die Zwiebeln nicht geschnitten? ◆ ______, hier sind sie. Siehst du?
4. ◆ Backst du nicht gern? ◆ ______, das ist mein Hobby.
5. ◆ Essen Sie kein Fleisch? ◆ ______, nie! Und Fisch auch nicht.
6. ◆ Haben Sie das Gemüse gewaschen? ◆ ______, es ist ganz sauber.
7. ◆ Finden Sie den Kochkurs nicht gut? ◆ ______, es macht wirklich Spaß.

8 Interview mit Jean Leichter. Ordnen Sie die Antworten den Fragen zu. (→ 5)

1. ___ Herr Leichter, warum sind Sie eigentlich Koch geworden?
2. ___ Und von ihr haben Sie kochen gelernt?
3. ___ Hat es Ihnen keinen Spaß mehr gemacht in Hannover?
4. ___ War das nicht schwer?
5. ___ Sprechen Sie auch andere Sprachen?
6. ___ Sie haben auf einem Schiff gearbeitet. Hat es Ihnen da gefallen?
7. ___ Ach so. Und deshalb arbeiten Sie jetzt in Garmisch?

A Ja genau. Hier kann ich am Tag draußen sein. Am Abend bin ich dann in der Küche von meinem Restaurant Gargamel.

B Ja, Englisch. Das habe ich in der Schule gelernt. Und auf dem Schiff haben wir immer Englisch gesprochen.

C Doch, am Anfang schon. Ich konnte nur ein bisschen Französisch von meiner Mutter. Und alle haben so schnell gesprochen.

D Na ja, es geht. Ich habe gut verdient. Aber ich hatte da keine Zeit für mich. Ich bin gern in der Natur und fahre gern Ski.

E Doch, doch. Aber ich wollte ins Ausland gehen. Ich war in einem Hotel in der Schweiz, in Genf.

F Ich habe immer schon gern gut gegessen. Meine Mutter kommt aus Frankreich – darum auch mein Vorname Jean – sie war eine gute Köchin. Sie hat wirklich toll gekocht.

G Nein, kochen habe ich bei meinem Onkel gelernt. Er hatte ein Restaurant in Hannover. Bei ihm habe ich drei Jahre lang viel gelernt. Und dann bin ich weggegangen.

9 Stellen Sie Jean Leichter vor. Schreiben Sie die Sätze. (→ 5)

DASISTJEANLEICHTERERISTKOCHINSEINEMRESTAURANTGARGAMELINGARMISCHHERRLEICHTERHAT
INHANNOVEBEISEINEMONKELKOCHENGELERNTHATINDERSCHWEIZGEARBEITETUNDWARKOCHAUFEINEM
SCHIFFERISTGERNINDERNATURUNDFÄHRTSEHRGUTSKI

Das ist Jean Leichter. Er ______________________________

____

____

____

____

____

10 Ergänzen Sie die Reflexivpronomen in den Sätzen. (→ 7c)

1. Komm zu mir. Ich langweile _mich_ so.
2. Ich war das nicht. Du musst _dich_ nicht aufregen.
3. Ben hat _sich_ gestern mit seiner Freundin getroffen.
4. Lisa hat _sich_ sehr beeilt, aber sie war zu spät.
5. Wir haben _uns_ sehr auf den Urlaub gefreut.
6. Was ist los mit euch? Warum habt ihr _euch_ geärgert?
7. Möchten Sie _sich_ ein bisschen ausruhen, Frau Gunz?
8. Ihr müsst _euch_ fürs Training umziehen.

11 Welches reflexive Verb passt? Ergänzen Sie die Sätze. (→ 7c)

sich ärgern • sich beeilen • sich freuen • sich langweilen • sich melden • sich setzen • sich umziehen • sich unterhalten

1. Rick hat Lisa ein paar Mal angerufen, aber sie _meldet_ ______ nicht.
2. Ich komme gleich, ich muss ______ nur noch schnell ______.
3. Guten Tag, Frau Heims. Kommen Sie rein und ______ Sie ______.
4. Das war so lang! Schrecklich! Hast du ______ nicht auch ______?
5. Am Abend trifft Rick seine Freundin Lisa. Er ______ ______ sehr.
6. Lisa und Rick haben lange geredet und ______ über den neuen Film ______.
7. Der Bus ist weg, Frau Bucher kommt zu spät zur Arbeit. Sie ______ ______ sehr.
8. Macht schnell, wir müssen ______ ______, der Zug fährt gleich ab.

12 Warum machen die Personen das? Schreiben Sie *weil*-Sätze. Achten Sie auf Präsens oder Perfekt. (→ 9)

1. Rick kocht am Mittwoch besonders gut, _weil er Lisa zum Abendessen eingeladen hat._
   er / Lisa / zum Abendessen / einladen / .
2. Rick hat mit einem Freund gegessen, ______
   Lisa / nicht / kommen / .
3. Lisa und Rick essen im Restaurant, ______
   Rick / nicht noch mal / kochen / wollen / .
4. Marco besucht einen Kochkurs, ______
   ihm / Kochen / viel Spaß / machen / .
5. Laura macht einen Kochkurs, ______
   sie / nicht / kochen / können / .
6. Cem kann besonders gut grillen, ______
   das / sein Hobby / sein / .
7. Tina hat viel gegessen, ______
   das Gericht / sehr gut / schmecken / .

13 Im Dunkelrestaurant. Was fehlt: *und, oder, aber, weil*? Ergänzen Sie. (→ 12)

1. Ich war zum ersten Mal in einem Dunkelrestaurant ______________ es war sehr interessant.
2. Wir haben am Eingang ein Menü gewählt, ______________ man ja drinnen nichts mehr sieht.
3. Der Kellner sieht auch nichts, ______________ er hat uns ohne Probleme zum Tisch geführt.
4. Man muss mit den Händen fühlen, wo der Teller ______________ das Glas steht.
5. Ich habe sehr langsam gegessen, ______________ ich nichts gesehen habe.
6. Wir haben am Tisch viel geredet ______________ über die Situation gelacht.
7. Es war spannend, ______________ ich möchte nicht noch einmal ins Dunkelrestaurant gehen.
8. Das nächste Mal gehen wir italienisch ______________ französisch essen.

14 Was passt zusammen? Verbinden Sie. (→ 13)

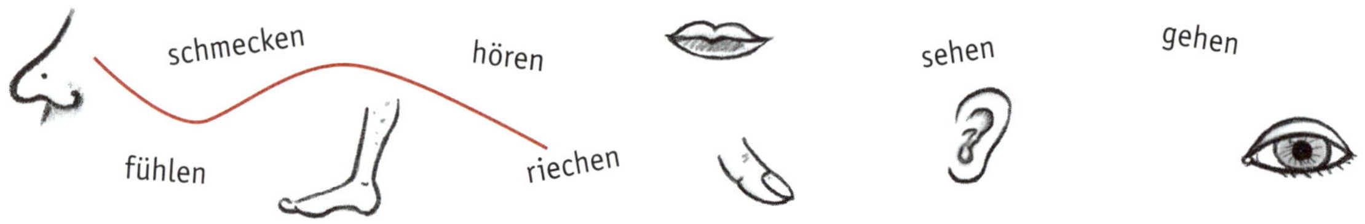

Wortbildung – Substantive aus Verben

15 a Suchen Sie die Verben in den Texten. Markieren Sie den Unterschied.

essen • fühlen • hören • kochen • riechen • schmecken

Ein Restaurant ohne Licht – es ist ganz dunkel. Sie können beim Essen Ihre eigene Hand nicht sehen. Jetzt zählt nur noch das Hören, Riechen, Fühlen und Schmecken.

Mir macht Kochen wirklich Spaß. Aber nicht nur das Kochen, natürlich auch das Essen! Das sieht man. Zum Kochen brauche ich Zeit und Musik. Dann bin ich sehr entspannt.

b Ergänzen Sie das passende Substantiv. Achten Sie auf die Schreibweise.

essen   grillen   hören   laufen   schwimmen   sehen

Den Infinitiv kann man auch als Substantiv verwenden: Der Artikel ist immer ***das***. *kochen – **das** Kochen.*

Picknick am See. Wir haben Getränke, aber jeder bringt selbst etwas zum *Essen* (1) oder Fleisch zum ______________ (2) mit.

Die Übung „Lernen mit allen Sinnen" war lustig. Für mich ist ______________ (3) wichtig, da habe ich auch ein Bild im Kopf. Vom ______________ (4) allein kann ich mir Wörter nicht gut merken, ich muss sie auch sehen und schreiben.

Mein Hobby ist Sport. Am liebsten gehe ich joggen. Beim ______________ (5) vergesse ich die Arbeit. Oder ich gehe ins Schwimmbad. Nach dem ______________ (6) bin ich wieder richtig fit.

Nach der Schulzeit

1 Schulfreunde treffen. Ergänzen Sie das Gespräch. (→ 1)

◆ Hallo Maja, w__ (1) geht's?

◆ Ganz g__ (2). Und dir?

◆ Pr___ (3). Sag mal, w__ (4) hast du nach der Sch___ (5) gemacht? Du wolltest doch Kunst stu______ (6), oder?

◆ Na ja, nicht ganz, K____ (7) war echt mein Lieblings____ (8), klar. Ich wollte a__ (9) jeden Fall irgendwas Kreatives n___ (10) der Schule machen. Zuerst h___ (11) ich ein Pra______ (12) bei einer Zeitschrift gem____ (13), in der Grafik-Abteilung.

◆ Ach, wir_____ (14)? Und, hat das Sp__ (15) gemacht?

◆ Ja, das hat mir gut gef_____ (16), und dann habe ich Grafik stu_____ (17). Aber irgendwie w__ (18) das doch nichts f__ (19) mich, ich musste im___ (20) am Computer si ____ (21). Nach einem Ja __ (22) habe ich wi____ (23) aufgehört.

◆ Was hast du dann gemacht?

◆ Dann habe ich in der Schmuck-Werkstatt v__ (24) einem Freund mitgear______ (25). Ich habe dort v___ (26) gelernt. Und jetzt mache ich auch Schm___ (27).

◆ Hört sich g__ (28) an. Und was sind d____ (29) Pläne für die Zu_____ (30)?

◆ Mein Tr___ (31) ist ein kleines Geschäft. Und du, was h___ (32) du gemacht?

◆ Also, ich habe gl____ (33) nach der Schule eine Ar____ (34) gesucht.

2 Nach der Schule. Ergänzen Sie die Verben in der richtigen Form. (→ 1)

anfangen • arbeiten • bekommen • bleiben • gehen • jobben • lernen • ~~machen~~ • machen • mitarbeiten • sammeln • studieren

1. Verena hat nach der Schule ein Praktikum bei einer Bank *gemacht* ______ und ist danach dort __________. Jetzt arbeitet sie schon acht Jahre dort.
2. Manuel ist nach Brasilien __________ und hat viele Erfahrungen __________.
3. Simone hat an der Uni Informatik __________. Neben dem Studium hat sie in einem Fitness-Studio __________.
4. Peter hat vor drei Wochen eine Ausbildung __________. Sie dauert zwei Jahre.
5. Luise hat zwei Jahre lang in einem Projekt __________ und hat viel von den anderen Leuten __________.
6. Anna hat zuerst keinen Studienplatz __________. Deshalb hat sie eine Ausbildung als Krankenschwester __________ und hat in einem Krankenhaus __________.

3 Über die Schulzeit sprechen. Welche Antwort passt? Verbinden Sie die Sätze. (→ 3)

1. _E_ Ich musste immer so früh aufstehen. Der Bus ist um 7.10 Uhr schon gefahren.
2. ___ In den Ferien konnte ich machen, was ich wollte.
3. ___ Ich wollte am liebsten immer nur Sport machen. Und du?
4. ___ Vor dem Abitur musste ich richtig viel lernen. Wie war das bei dir?
5. ___ Konntest du deine Freunde am Abend treffen? Durftest du oft ausgehen?
6. ___ Ich habe in den Ferien immer gearbeitet. Ich wollte Geld verdienen.

A Wirklich? Meine Eltern wollten immer, dass die ganze Familie zusammen wegfährt.

B Ach, du hattest Glück! Ich musste in der ganzen Schulzeit immer viel lernen.

C Nein, nur am Samstag. Und auch da musste ich früh zu Hause sein.

D Ich musste nicht arbeiten. Ich habe genug Geld von meiner Oma bekommen.

E Ich konnte lange schlafen. Die Schule war nicht weit weg.

F Nein, das hat mir keinen Spaß gemacht. Ich musste in Sport mitmachen. Musste!

4 Was war in der Schule gut, was nicht? Ergänzen Sie *können, wollen, dürfen* oder *müssen* im Präteritum. (→ 4)

1. In der Schule hatte ich keine Probleme. Nur in Mathe _musste_ ich viel lernen.
2. Wir _duerften_ im Unterricht nichts trinken. Das _wollte_ unsere Lehrer nicht.
3. Erinnerst du dich? Bei Frau Rick _mussten_ wir immer ganz ruhig sein.
4. Wir war es bei euch? _Musstet_ ihr auch so viele Hausaufgaben machen?
5. Ich _wollte_ immer gern am Computer lernen, aber ich _konnte_ das nur in der Schule machen, weil wir zu Hause keinen Computer hatten.
6. In Sport _durften_ wir immer Fußball spielen, aber wir _wollten_ nicht. Wir _mussten_ immer so komische Übungen machen.
7. Ich habe in der Nähe von der Schule gewohnt, deshalb _konnte_ ich länger schlafen.

5 Welche Antwort passt? Kreuzen Sie an. (→ 5)

1. Unser Mathelehrer, Herr Winder, kommt auch zum Klassentreffen.
   - [a] Das kenne ich gut.
   - [b] Das überrascht mich.
2. In der Klasse von meinem Vater waren 42 Schüler.
   - [a] Nicht zu glauben!
   - [b] Das kann ich gut verstehen.
3. Unser Biologielehrer hat immer tolle und interessante Stunden gemacht.
   - [a] Das war bei mir nicht so.
   - [b] Das ist ja schrecklich!
4. Robert musste 40 Minuten zu Fuß zur Schule gehen.
   - [a] Wie komisch!
   - [b] Wirklich?
5. In Deutsch mussten wir nie Hausaufgaben machen.
   - [a] Das wundert mich.
   - [b] Das ist aber schade!
6. In Englisch hatte ich immer Probleme.
   - [a] Das ist ja lustig!
   - [b] Das war bei mir auch so.

6 Wo ist das? Ergänzen Sie die Präposition. (→ 7)

in der Flasche

_______ der Wand

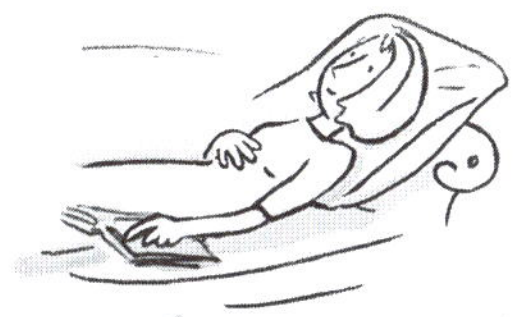

_______ dem Sofa

_______ dem Tisch

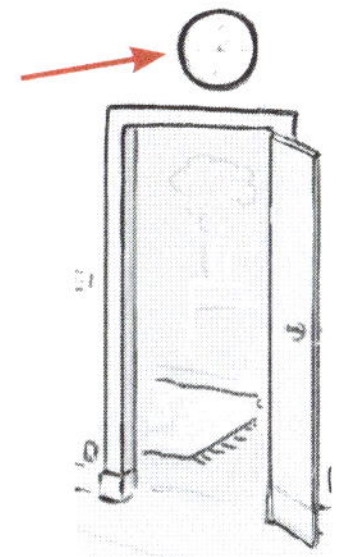

_______ der Tür

_______ dem Stuhl und der Tür

_______ dem Schrank

_______ dem Regal

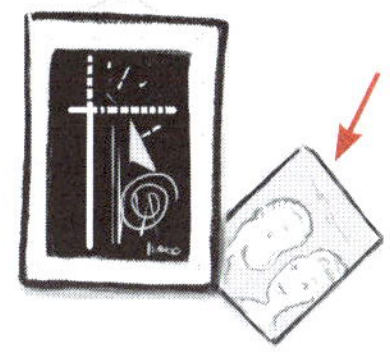

_______ dem Bild

in • an • auf • neben • zwischen • vor • hinter • über • unter

7 *Liegen, stehen, hängen, sitzen* – Chaos in der Küche. Wo sind die Sachen? Ergänzen Sie das Verb und die Präposition mit Artikel. (→ 7–8)

1. Die Kochbücher *liegen auf dem* Boden.
2. Der Stuhl _______________ Herd.
3. Der Teppich _______________ Tür.
4. Die Katze _______________ Schrank.
5. Die Blumen _______________ Tisch.
6. Der Hund _______________ Stuhl.
7. Die Pfanne _______________ Kühlschrank.

8 Aufgeräumt! Ergänzen Sie das Verb und die Präposition mit Artikel. (→ 8)

Niklas hat den Teppich *auf den* Boden _______________ Tisch *gelegt*. Den Stuhl hat er _______________ Wand _______________. Die Kochbücher hat er _______________ Regal _______________. Die Pfanne hat er _______________ Herd _______________, die Blumen hat er _______________ Regal _______________. Der Hund hat sich _______________ Tisch _______________ Teppich _______________. Und die Katze hat sich _______________ Hund _______________. Jetzt sieht alles gut aus!

9

a Wo sind die Dinge? Suchen Sie das passende Verb und schreiben Sie. (→ 9)

stehen · sein · liegen · hängen

1. Petra – Handy – Tasche –
2. Aylin – Brille – Bad –
3. Max – Schlüssel – Wand –
4. Mirko – die Schuhe – Flur –

1. *Das Handy von Petra ist in ihrer Tasche.*
2. ______________________
3. ______________________
4. ______________________

b Welche fünf Dinge sind bei Ihnen immer am gleichen Platz? Schreiben Sie.

Mein ______________________

____

____

____

____

____

10

Welche Präposition ist richtig? Kreuzen Sie an. (→ 10b)

1. Wann und wo treffen wir uns? – Um sieben bei der ☐ zur ☐ über der ☐ Universität.
2. Wohin fährt die Straßenbahn-Linie 34? – Die fährt aus dem ☐ ins ☐ zum ☐ Krankenhaus.
3. Woher kommst du gerade? – Ich? Aus ☐ Von ☐ Bei ☐ meinen Eltern.
4. Hast du eine Wohnung gefunden? – Ja, gleich neben ☐ mit ☐ seit ☐ dem Theater.
5. Wo muss ich aussteigen? – An der Haltestelle auf ☐ nach ☐ zwischen ☐ dem Stadtpark.
6. Wo hast du einen Parkplatz gefunden? – Direkt aus ☐ vor ☐ zu ☐ unserem Haus.
7. Woher kommt ihr? – An ☐ Nach ☐ Aus ☐ dem Kino am Marktplatz.
8. Wohin geht ihr heute? – Von einer ☐ In eine ☐ Unter eine ☐ Ausstellung im Kunsthaus.

11

Der letzte Schultag. Lesen ergänzen Sie. Singular oder Plural? Achten Sie auf die richtige Form. (→ 12)

Arbeit • Ausbildung • Ferien • Geld • ~~Mal~~ • Note • Praktikum • Problem • Unterricht • Zeugnis

Marcel geht zum letzten *Mal* (1) in die Schule. Er ist froh, heute bekommt er sein ________ (2). Die ________ (3) von Marcel sind nicht gut und nicht schlecht. Aber er hatte immer ________ (4) mit ein paar Lehrern. In der Realschule hat Marcel einige ________ (5) gemacht und das hat ihm gefallen, denn das war nicht so langweilig wie der ________ (6). Jetzt will Marcel ein paar Wochen ________ (7) machen. Und dann beginnt er eine ________ (8) in einer Bank. Er freut sich schon auf die ________ (9), weil er dann auch selbst ________ (10) verdient.

12 Wie war die Schulzeit von Aishe? Schreiben Sie Sätze. (→ 12)

1. *Aishe hat sechs Jahre lang …*
   Aishe / die Realschule / sechs Jahre / lang / in Jena / besuchen / .
2. ______
   der Unterricht / ihr / in Deutsch / machen / viel Spaß / .
3. ______
   aber / in Mathematik / und / Chemie / sie / sehr viel / lernen / müssen / .
4. ______
   in / ihre Schulzeit / sie / auch / mehrere Praktika / machen / .
5. ______
   da / sie / verschiedene Berufe / kennenlernen / können / .

13 Welche Wörter zum Thema „Schule" finden Sie? Markieren und notieren Sie sie mit Artikel. (→ 13)

OKLAPEDITGRUNDSCHULEMAGUFALEREALSCHULEBILEMKUBERUFSSCHULEGLASONUGYMNASIUMP

VERLASIKENFERIENWISENTAABITURLASOMIRGESAMTSCHULEPLAKOFILINTERNATKILK

AMIABSCHLUSSFEIERGUTAMINKLASSENTREFFENSO

______

______

Wortbildung – Substantive auf *-er*

14 a Wer macht das? Schreiben Sie die Wörter an die richtige Stelle.

der Mitarbeiter — der Schüler — der Bäcker — der Fahrer — der Lehrer

1. Er backt das Brot: *der Bäcker*
2. Er lehrt in der Schule: ______
3. Sie gehen in die Schule: ______
4. Er fährt Auto, Taxi oder einen Bus: ______
5. Sie arbeiten in einer Firma mit: ______

b Wie heißt die Person, die das macht? Schreiben Sie. Kontrollieren Sie mit dem Wörterbuch.

1. Er **ruft** auf dem Telefon **an**: *der Anrufer*
2. Er **hilft** bei der Arbeit, Problemen, …: ______
3. Er **liest** ein Buch: ______
4. Er **programmiert** Computer: ______
5. Sie **nehmen** an einem Kurs **teil**: *die* ______
6. Diese Leute **bewohnen** ein Dorf, eine Stadt oder ein Haus: *die* ______
7. Sie **besuchen** eine Person oder eine Sehenswürdigkeit: *die* ______

> !
> Viele Substantive auf **-er** stammen von Verben ab.
> *backen* – ***der** Bäcker*
> *gewinnen* – ***der** Gewinner*
> Der Artikel ist immer ***der***.
> Der Plural ist wie der Singular:
> ***der** Lehrer* – ***die** Lehrer*

3 Medien im Alltag

1 Rund um den Computer. Schreiben Sie die Wörter mit Artikel zum Bild. (→ 1)

BILD • CAM • CD • CHER • DY • HAN • ~~HÖ~~ • LAP • LAUF • LAUT • ~~KOPF~~ • MAUS • ~~RER~~ • SCHIRM • SPRE • TA • TAS • TOP • TUR • WEB • WERK

der Kopfhörer

2 a Was machen die Personen mit Medien? Ergänzen Sie die Verben in der richtigen Form. (→ 2)

~~ansehen~~ • ausmachen • bloggen • chatten • checken • herunterladen • recherchieren • schicken • skypen • speichern • surfen

1. Wann warst du im Kino? – Gar nicht, ich habe den Film im Internet *angesehen* ______.
2. Warum hast du nicht gewartet? Ich habe dir doch eine SMS ______.
3. OMG, die Datei ist weg. Hilfe, ich habe nicht alle Daten ______!
4. Vera kauft Musik nur noch online, sie ______ ihre Musik ______.
5. Ich studiere. Deshalb muss ich oft Informationen im Internet ______.
6. Telefonieren ist zu teuer, meine Freundin Bruna in Brasilien und ich ______.
7. Ich komme sofort, ich muss nur noch meine Mails ______.
8. Ich habe deinen Blog gelesen. Echt gut! Seit wann ______ du?
9. Manche Leute telefonieren oder skypen nicht mit Freunden, sie ______ lieber.
10. Du bist schon 10 Stunden online! Kannst du bitte mal den Computer ______?
11. Schau mal, ich habe im Internet ______ und eine coole neue Website gefunden. Kennst du die?

b Was passt nicht? Streichen Sie durch.

1. kaufen: eine SMS – ein Ticket – ein Fernsehgerät – ein E-Book
2. herunterladen: Dateien – eine Spielekonsole – ein Video – Musik
3. schicken: E-Mails – eine SMS – das Internet – Informationen
4. lesen: einen Blog – das E-Book – die Zeitung – die Web-Cam
5. anklicken: Skype – die Datei – eine Webseite – das Fernsehgerät

3 Dinge vergleichen. Ergänzen Sie. (→ 4c)

1. Das Handy kostet ziemlich viel. (Smartphone +) — Aber das Smartphone kostet noch *mehr*.
2. Mona liest gern Blogs. (Bücher +) — Aber sie liest noch ______ Bücher.
3. Bens Laptop ist sehr groß. (Computer +) — Aber sein Computer ist noch ______.
4. Der Fernseher ist ziemlich alt. (Radio +) — Aber das Radio ist noch viel ______.
5. Das Tablet ist ziemlich teuer. (Laptop +) — Aber der Laptop ist ______.
6. Das Telefon war sehr praktisch. (Handy +) — Aber Handys sind viel ______.
7. Inas Computer ist ziemlich gut. (Tablet +) — Aber ihr Tablet ist ______.

älter • besser • größer • lieber • ~~mehr~~ • praktischer • teurer

4 Was ist richtig: *als* oder *wie*? Kreuzen Sie an. (→ 5)

1. Das Internet ist viel schneller als [x] wie [ ] Zeitungen.
2. Im Kaufhaus einkaufen ist nicht so bequem als [ ] wie [x] online einkaufen.
3. Eva sieht seltener Filme im Kino als [x] wie [ ] zu Hause.
4. Philipp spielt lieber mit dem Computer als [x] wie [ ] mit seiner Spielekonsole.
5. Telefonieren kostet oft mehr als [x] wie [ ] simsen.
6. Vera liest E-Books nicht so gern als [ ] wie [x] Bücher aus Papier.

5 Vergleich mit *als* oder *wie*? Schreiben Sie Sätze. (→ 5)

1. Das Telefon ist ca. 100 Jahre alt, das Fernsehen 60 Jahre. — Das Telefon ist *älter als das Fernsehen.*
2. Das Smartphone kostet ca. 400 €, das Tablet auch. — *Das Tablet kostet* so viel wie das T.
3. Das Tablet kostet ca. 400 €, der Laptop ca. 700 €. — *Der Laptop* kostet mehrer als S
4. Bücher brauchen viel Platz, ein E-Book wenig. — *Ein E-Book* braucht weniger Platz als
5. Alex schreibt wenige SMS und viele E-Mails. — *Alex schreibt nicht so* viele E-Mails wie SMS

6 Was denken Sie: Was ist besser? Schreiben Sie. (→ 5)

1. schön finden:
Winter / Sommer — Ich finde den Sommer *schöner als den* Winter.

2. viel lesen:
Bücher / Blogs — Ich lese Blogs vieler als Bücher

3. gern essen:
Brot / Kuchen — Ich esse einen Kuchen lieber als ein Brot

4. wichtig finden:
? / ? — Ich finde Eltern wichtiger als ein Nachbar.

7 Vier Leute, vier Meinungen. Ergänzen Sie die dass-Sätze. Wohin wandert das Verb? Zeichnen Sie. (→ 7)

Ich kann zu Hause für meine Firma arbeiten.

1. Frau Weber sagt, dass *sie* ________ zu Hause für *ihre* ________ Firma arbeiten kann.

Ich passe im Internet gut auf meine Daten auf.

2. Herr Weber sagt, dass ________ im Internet gut auf ________ Daten aufpasst.

Ich rufe meine Freundin übers Internet an.

3. Julia sagt, dass ________ ________ Freundin übers Internet anruft.

Ich muss immer meine E-Mails immer checken.

4. Simon sagt, dass ________ immer ________ E-Mails checken muss.

8 Welche Meinung haben die Personen zum Internet? Schreiben Sie *dass*-Sätze. (→ 7)

Ich kann überall Kontakt zu meinen Freunden haben. – Lena

Ich brauche es für meine Arbeit. – Laura

Man kann immer schnell Informationen finden. – Cem

Ich kann Bücher und Musik herunterladen. – Marco

Vieles ist einfach unwichtig und total uninteressant. – Bastian

Ich verbringe nicht viel Zeit im Internet. – David

Ich passe mit privaten Informationen sehr gut auf. – Julia

1. Lena findet gut, dass *sie überall Kontakt zu ihren Freunden haben kann.*
2. Laura sagt, dass ________
3. Cem findet wichtig, dass ________
4. Marco ist froh, dass ________
5. Bastian denkt, dass ________
6. David sagt, dass ________
7. Julia meint, dass ________

9 Und Ihre Meinung zu Handys, E-Books, Internet? Schreiben Sie. (→ 8)

Ich finde es gut, dass ________.

Ich bin froh, dass ________.

Es ist schlecht, dass ________.

Ich denke, dass ________.

10 Superlative suchen. Ergänzen Sie die Fragen. (→ 9)

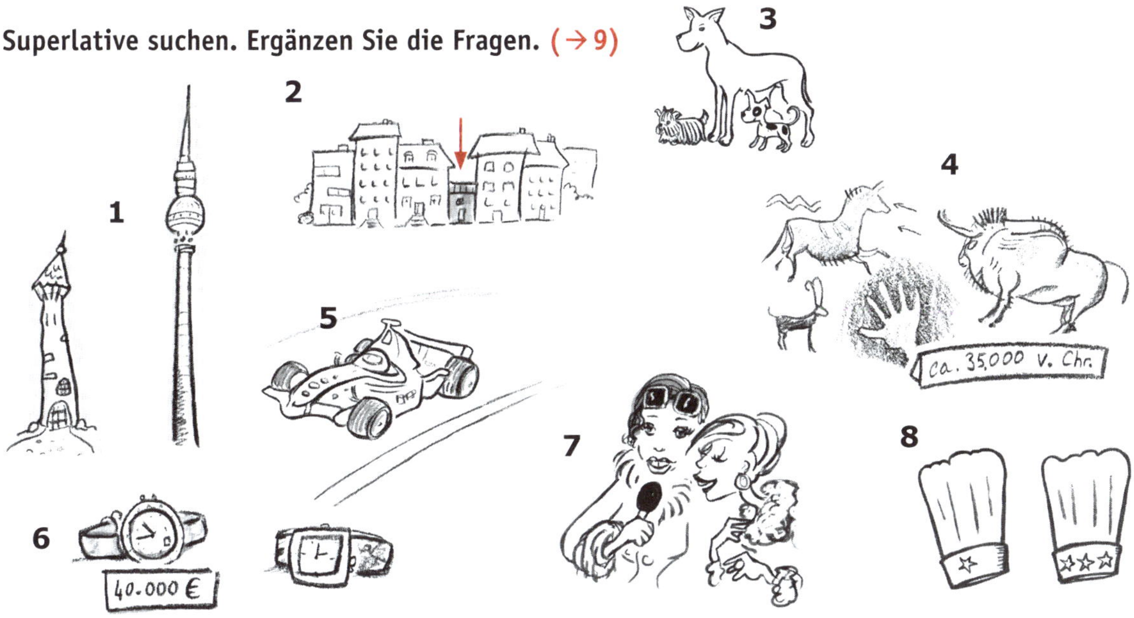

alt • berühmt • groß • gut • hoch • klein • schnell • viel

1. Welcher Turm ist ______________________?
2. Welches Haus ist ______________________?
3. Welcher Hund ist ______________________?
4. Welches Bild ist ______________________?
5. Welches Auto ist ______________________?
6. Welche Uhr kostet ______________________?
7. Welche Stars sind ______________________?
8. Welcher Koch ist ______________________?

11 Schreiben Sie Fragen mit *welch-* für ein Interview. Verwenden Sie Superlative und achten Sie auf die richtige Form von *welch-*. (→ 10)

1. Film / gut gefallen / Ihnen / ? *Welcher Film gefällt Ihnen am besten?*
2. Musik / Sie / gern / hören / ? Welches Musik hören Sie am liebsten
3. Bild / Sie / finden / schön / ? Welches Bild finden Sie am schönesten
4. Stadt / sein / für Sie / interessant / ? Welche Stadt
5. Star / finden / Sie / sympathisch / ? ______________________
6. Sport / Sie / blöd / finden / ? ______________________

12 Vergleiche. Ergänzen Sie die Sätze. (→ 10)

Ines arbeitet 8 Stunden lang.

Elias – 8 Stunden — Elias arbeitet *(genau)so lang wie* Ines.
Eva – 10 Stunden — Ines und Elias arbeiten ______________ Mike.
Mike – 5 Stunden — Eva arbeitet ______________.

Ines ist 22 Jahre alt.

Eva – 29 Jahre — Eva ist ______________ Ines.
Elias – 33 Jahre — Ines ist ______________ Mike.
Mike – 22 Jahre — Elias ist ______________.

13 Ein Film – drei Meinungen. Was sagen die Leute? Ergänzen Sie. (→ 12)

Den Film habe ich bestimmt sch___ (1) fünf Mal ges_____ (2) und finde ihn i_____ (3) noch super, einfach kl_____ (4)! Manche sagen, die Schau_________ (5) sind nicht so t____ (6), aber mir gef_____ (7) alles: die Schauspieler, die Bi_____ (8), die Musik.

Also ich hab' den F____ (9) mit meiner Freundin im K____ (10) angesehen und er war la__________ (11). Ein, zwei Szenen waren ganz lu_____ (12), aber das ist zu w_____ (13).

Ich habe mich im Kino über den Film geä_______ (14). Ich habe m____ (15) auf den Film gef_____ (16), weil ich diesen Reg_______ (17) mag. Er hat immer tolle Gesch_______ (18) erzählt. Aber dieser Film ist nicht int_________ (19). Er ist auch nicht sp_______ (20), nur ein paar Sz_____ (21) sind ganz okay.

14 Über Filme reden. Welche Ausdrücke finden Sie? Markieren Sie. (→ 12–13)

LOSTTRANSINISTWIRKLICHLUSTIGTATINICISTNICHTSPANNENDMELHIMLINEBERSPIELTINBERLINLESSSLEEP
HATEINAKTUELLESTHEMAPIREVAMPISTEMPFEHLENSWERTSPIERINLEKLAISTNURDURCHSCHNITTVETALIFEIST
NICHTREALISTISCHDEVIOBENNYSHATMIRAMWENIGSTENGEFALLENMANYAALMACHTECHTSPASSVERWIND
WEHTERZÄHLTEINETRAURIGEGESCHICHTESCARLETT

Dieser Film ____

____

____

Wortbildung – feminine Substantive mit *-in*

15 a Ordnen Sie die Begriffe zu.

1. Die … Allyson Felix hat den 100m-Lauf gewonnen.
2. Die Songs von der … Amy Winehouse sind sehr schön.
3. Die … Annie Leibovitz macht tolle Porträt-Fotos.
4. Im Film „Lost in Translation“ spielt die … Scarlett Johansson mit Bill Murray.

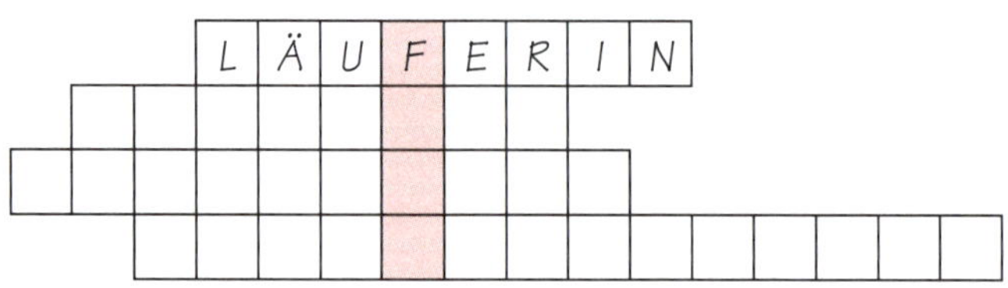

~~Läuferin~~ • Fotografin • Sängerin • Schauspielerin

b Wer macht das? Ergänzen Sie die Substantive.

1. Eine Frau tanzt. Sie ist eine *Tänzerin*.
2. Sie schaut gerne zu: die ____________________.
3. Eine Frau fährt. Sie ist eine ____________________.
4. Sie bäckt Brot und Kuchen: die ____________________.

> **!** Bezeichnungen für Personen mit der Endung *-in* sind feminin.
> *der Regisseur – **die** Regisseur**in***
> *der Lehrer – **die** Lehrer**in***
> Kurze Wörter haben oft einen Umlaut: *die **Kö**chin, die **Ä**rztin*

Große und kleine Gefühle

1

Lesen Sie die Beschreibung der Situationen. Warum feiern die Personen? Schreiben Sie die Wörter dazu. (→ 1)

der erste Schultag • ~~Führerschein~~ • Geburt von einem Kind • Hochzeit • Jubiläum • Schulabschluss • ersten Platz • 80. Geburtstag

1. Anke hat eine Prüfung gemacht. Jetzt darf sie selbst mit dem Auto fahren, denn sie hat den ... *Führerschein*
2. Verwandte oder Freunde hängen Babykleidung und einen Storch an das Haus. Sie freuen sich über die ... ________
3. Herr Schwob arbeitet schon 25 Jahre in der Firma, er bekommt ein Geschenk vom Chef und feiert mit den Kollegen das ... ________
4. Zwei Erwachsene wollen das Leben gemeinsam verbringen, sie sagen „ja" und tragen einen Ring. Es ist ihre ... ________
5. Alle Schüler tragen schöne Kleidung, sie bekommen das Abiturzeugnis und feiern den ... ________
6. Thomas liebt Sport, er läuft jeden Tag. Heute hat er bei einem Lauf gewonnen. Er ist glücklich über diesen ... ________
7. Die Zeit im Kindergarten ist vorbei. Lukas geht jetzt in die Grundschule. Er bekommt eine Schultüte. Für ihn ist es ... ________
8. Heute hat Großmutter viele Gäste. Verwandte und Freunde bringen Blumen und Geschenke. Es ist ihr ... ________

2

Herzlich willkommen! Ergänzen Sie die Lücken. (→ 1)

◆ Schau mal, wie sch_ _ (1). Ich finde ja Babyk_ _ _ _ _ _ _ _ (2) so süß! Alles ist so klein!

◈ Ja, das st_ _ _ _ (3). Sag mal, wann ko_ _ _ _ (4) die beiden mit dem B_ _ _ (5) aus dem Kran_ _ _ _ _ _ _ _ (6)?

◆ Ich gl_ _ _ _ (7), in einer halben St_ _ _ _ (8). Wir müssen uns be_ _ _ _ _ (9). Bald sind sie d_ (10)!

◇ Wohin soll ich d_ _ (11) T-Shirts und die Socken hä_ _ _ _ (12)?

◈ Hier, häng sie h_ _ _ (13) hin. Das sieht gut a_ _ (14).

◆ Und die Störche s_ _ _ (15) ja klasse. Wo habt ihr denn die gek_ _ _ _ (16)?

◇ Die haben wir n_ _ _ _ (17) gekauft, die haben wir se_ _ _ _ (18) gemacht.

◆ Oh, toll! Das ist ein schönes Willk_ _ _ _ _ (19) für das Baby und die Mu_ _ _ _ (20).

3 Was feiert man bei Ihnen besonders? Notieren Sie. (→ 2)

Wer lädt ein? ______________________.

Wo feiert man? ______________________.

Was macht man? ______________________.

Wichtig ist: ______________________.

4 Was schreibt Caroline? Schreiben Sie die Sätze. (→ 3)

LIEBERPHILIPPLIEBELENAHE
RZLICHENGLÜCKWUNSCHZURG
EBURTVONEUREMSOHNJAKOBI
CHWÜNSCHEEUCHFÜRDIEZUKU
NFTZUDRITTALLESGUTEBALDB
INICHWIEDERINMÜNCHENDAN
NBESUCHEICHEUCHICHFREUE
MICHDASSICHDANNEURENJAK
OBSEHENKANNHERZLICHEGRÜ
SSECAROLINE

Lieber Philipp, liebe ______________________

5 Was machen die Leute, wenn ...? Schreiben Sie die Sätze fertig. (→ 4b)

1. Wenn Leo zum Zahnarzt gehen muss, *dann hat* ______________________
   dann / er / Angst / ein bisschen / haben / .
2. Wenn Veronika Achterbahn fährt, ______________________
   sie / haben / viel Spaß / und / lachen / .
3. Wenn Lisa eine Prüfung geschafft hat, ______________________
   dann / sie / glücklich sein / sehr / und / feiern / .
4. Wenn Pia zur Arbeit fährt, ______________________
   sie / oft / eine Kollegin / mitnehmen / .
5. Wenn Mirko allein im Ausland ist, ______________________
   unglücklich / er / sein / und / oft / telefonieren / .

6 Was passt zum Satzanfang? Wählen Sie und schreiben Sie *wenn*-Sätze. (→ 4b)

Mutter und Baby kommen aus dem Krankenhaus • das Abiturzeugnis bekommen • heiraten • lange Zeit in der Firma arbeiten • ~~zum ersten Mal in die Schule gehen~~

1. Kinder bekommen eine Schultüte, *wenn sie zum ersten Mal in die Schule gehen.*
2. Oft hängt man einen Storch ans Haus, ______________________
3. Man feiert ein Jubiläum für Mitarbeiter, ______________________
4. Schüler feiern zum Schulabschluss ein Fest, ______________________
5. Das Brautpaar bekommt Glückwünsche und Geschenke, ______________________

7 Wie heißt das passende Wort? Schreiben Sie. (→ 5)

aufregend • glücklich • langweilig • nervös • schade • traurig

1. Das waren sehr schöne Tage im Urlaub, wir waren froh und ______________.
2. In ein paar Minuten fängt die Prüfung an, und ich bin sehr ______________.
3. Die Firma hat alle Kollegen zu einer Feier eingeladen, aber es war total ______________.
4. Ich konnte euch am Wochenende leider nicht besuchen, das war sehr ______________.
5. Petra und ihr Freund sind kein Paar mehr. Deshalb ist er sehr ______________.
6. Clara ist zum ersten Mal allein in Urlaub gefahren, das war sehr ______________.

8 Was ist richtig? Kreuzen Sie an. (→ 6)

1. Ich war mit einer nette ☐ netten ☑ Freundin auf dem große ☐ großen ☑ Festival in Scheeßel.
2. Die bekannte ☑ bekannten ☐ Bands waren gar nicht so gut.
3. Aber die ziemlich unbekannte ☐ unbekannten ☑ Band „M83" war echt super.
4. Und dann gab es noch das coole ☑ coolen ☐ Konzert mit den „Broilers".
5. Ich habe im Zelt auf dem volle ☐ vollen ☑ Campingplatz geschlafen. Aber nicht viel!
6. Ich war total müde, aber ich wollte alle ☑ allen ☐ Konzerte hören.
7. Und dann war noch die lange ☑ langen ☐ Fahrt nach Hause am nächste ☐ nächsten ☑ Tag.

9 Ein Zimmer, zwei Meinungen. Ergänzen Sie die Adjektivendungen im Nominativ oder Akkusativ. (→ 7)

Das gefällt Sirin sehr gut:

- der groß_e_ (1) Schrank,
- die alt____ (2) Lampe,
- das neu____ (3) Sofa,
- die hoh____ (4) Stühle,
- der neu____ (5) Fernseher,
- die modern____ (6) Bilder.

Das findet Alex schrecklich:

- den alt_en_ (7) Schreibtisch,
- das modern____ (8) Sofa,
- die komisch____ (9) Bilder,
- das hoh____ (10) Regal,
- die alt____ (11) Stühle,
- den groß____ (12) Fernseher.

10 Was findet Sirin gut, was nicht? Ergänzen Sie die Adjektive in der richtigen Form. (→ 7)

Sirin mag gern das ______________ (lecker; 1) Essen zu Hause. Sie liebt das Schwimmen im ______________ (warm; 2) See und hört oft die ______________ (toll; 3) Lieder von Björk. Am liebsten macht sie Sport in den ______________ (hoch; 4) Bergen.

Aber das Aufstehen am ______________ (früh; 5) Morgen findet Sirin überhaupt nicht gut. Sie hasst das ______________ (lang; 6) Warten auf den Bus. Und das ______________ (alt; 7) Handy ist peinlich. Sie lernt auch nicht gern für die ______________ (schwer; 8) Prüfung.

11 Was kann man da sagen? Ergänzen Sie. (→ 8)

1. *Ich habe die Prüfung geschafft!* – *Das ist ja* toll *, da* ______ *ich mich total.*
2. *Ich war auf einem Festival, drei Tage nur Regen.* – *So ein* ______*!*
3. *Meine Freundin ist im Krankenhaus.* – *Das tut mir schrecklich* ______*!*
4. *Ich habe eine Reise gewonnen.* – *Na, da hast du aber* ______ *gehabt!*
5. *Bist du am Sonntag zu Hause? Dann besuche ich dich.* – *Wie* ______*!*
6. *Entschuldige bitte, das habe ich ganz vergessen!* – *Das* ______ *doch nichts!*

freue • Glück • leid • macht • Pech • schön • ~~toll~~

12 Wo passen diese Wörter? Notieren Sie. (→ 10)

BLE • ER • ER • INNE • FAH • FREUND • GEN • GEN • HEIT • KIND • ME • PRO • RUN • RUN • SCHAFT • SEHN • SUCHT

1. Die ersten 14 Jahre hat Julia Berger in Kanada gelebt. „Meine … war sehr glücklich“, sagt sie. _ _ _ _ _ _ _ _ _ _
2. Julia hat viele gute … an ihre Zeit in Kanada. _ _ _ _ _ _ _ _ _ _ _ _ _ _ _
3. Sie hat immer noch Kontakt zu Lillian. Die … mit Lillian ist schon sehr alt, wir kennen uns seit dem Kindergarten. _ _ _ _ _ _ _ _ _ _ _ _ _ _ _
4. Julia Berger war Ärztin. Da hat sie die großen … von anderen Menschen kennengelernt. _ _ _ _ _ _ _ _ _ _
5. „In meinem Beruf habe ich viele … gemacht“, sagt sie. „Manche waren gut und andere nicht so gut.“ _ _ _ _ _ _ _ _ _ _ _ _ _ _
6. Wenn Julia … nach ihrer alten Heimat hat, schaut sie Fotos an. _ _ _ _ _ _ _ _ _ _ _ _

13 Erfahrungen. Ergänzen Sie *aber, dass, und, wenn* oder *weil*. (→ 11)

Sergej war bei seiner Ankunft überrascht, dass (1) die Anmeldung an der Uni so einfach war. Die Mitarbeiter waren freundlich und (2) nirgends musste er lange warten. Er hat oft gehört, dass (3) die Deutschen so genau und ordentlich sind. Das stimmt aber nicht, wenn (4) er an die Zimmer von seinen deutschen Mitbewohnern im Studentenheim denkt. Aber (5) im Verkehr und auf den Straßen ist es schon richtig: weil (6) der Bus um 9.12 Uhr abfahren soll, dann fährt er fast immer um 9.12 Uhr ab. Sergej findet, dass (7) diese Pünktlichkeit das Leben weniger stressig macht. Aber (8) es fehlt ihm jetzt ein Grund, wenn (9) er zu spät kommt. Sergej hat schnell neue Freunde gefunden, weil (10) die Studenten nett und interessiert sind.

14 Wie sagt man das richtig? Unterstreichen Sie die Fehler und korrigieren Sie. (→ 11)

Danke für das Einladung zu deine Geburtstagsparty. Was kann ich mitbringe? Wann solle ich bei dir sein. Sergej	Ich gratuliere ganz herzliche und wünsche dich alles Gute.	Vielen Danke für das schöne Fest. Es hat viele Spaß gemacht.
die ______	______	______

15 Der Tagesablauf. Schreiben Sie die Sätze fertig.

bis 13 Uhr Mittagspause machen
eine Familie haben
~~in einer Bank arbeiten~~
mit der Arbeit anfangen
sofort nach Hause gehen
für ihre Familie kochen
viele Kunden kommen

1. Anke Hummels *arbeitet in einer Bank* ______ in Dortmund.
2. Um 8.00 Uhr ______
3. Am Vormittag ______ in die Bank.
4. Mit ihrer Kollegin ______
5. Nach der Arbeit um 17 Uhr ______,
6. weil ______
7. Wenn sie nach Hause kommt, ______

Wortbildung – Komposita (1)

16 a Lesen Sie die Wörter und ergänzen Sie die Artikel.

der Zahn	**die** Ärztin
die Zahn**ärztin**	

1.

____ Zahn	die Schmerzen (= Pl.)
____ Zahnschmerzen	

2.

____ Kranken (= Pl.)	____ Wagen
____ Krankenwagen	

3.

____ Kranken (= Pl.)	____ Haus
____ Krankenhaus	

b Wie heißen die Berufe? Bilden Sie neue Komposita. Schreiben Sie mit Artikel.

1. Modedesignerin: Sie ist eine ______ für ______.
2. Augenarzt: Er ist ______ für die ______.
3. Altenpfleger: Er arbeitet als ______ für die ______.
4. Fußballprofi: Er ist ein ______ im ______.
5. Deutschlehrerin: Sie ist ______ und unterrichtet ______.

> **!** Substantiv + Substantiv = ein neues Substantiv.
> Das zweite Substantiv (Grundwort) bestimmt den Artikel:
> *der Zahn* + *<u>die</u> Schmerzen* – ***die** Zahnschmerzen*
> + *<u>die</u> Ärztin* – ***die** Zahnärztin*
> + *<u>der</u> Arzt* – ***der** Zahnarzt*

5 Was machen Sie beruflich?

1 Wo arbeiten die Personen? Markieren Sie den Fehler und notieren Sie den richtigen Ort. (→ 1)

1. Frau Schmidt unterrichtet ihre Schüler in einer modernen Küche. *in einer modernen Klasse*
2. Unser Auto ist kaputt, ich muss es ins Büro bringen. ____________
3. Ich muss zum Arzt. Leider ist die Klasse von Dr. Berg geschlossen. ____________
4. Mein Friseur hat jetzt ein neues Büro mit ganz modernen Spiegeln und Waschbecken. ____________
5. Jetzt zeigt ihnen unser Chefkoch noch sein Geschäft. ____________
6. Um 11.00 Uhr ist der Termin bei der Anwältin in ihrer Praxis. ____________

2 Tätigkeiten im Beruf. Ergänzen Sie die Verben in der richtigen Form. (→ 1)

föhnen • geben • machen • schneiden • schreiben • sprechen • unterrichten • ~~waschen~~

1. Der Friseur hat mir die Haare *gewaschen*, ____________ und ____________.
2. Frau Schmidt ist Lehrerin. Sie ____________ in diesem Jahr die dritte Klasse.
3. Diesen Schrank hat der Tischler in seiner Werkstatt ____________.
4. Die Anwältin hat mit ihrer Kundin ____________ und ihr einen Rat ____________. Dann hat sie einen Brief ____________.

3 Am Bahnhof. Was ist richtig? Kreuzen Sie an. (→ 3)

1. *Achtung, Achtung.* [a] *Eine wichtige Durchsage:* [b] *Ein wichtiges Schild: Herr Berger, bitte …*
2. *Warte hier, ich muss noch* [a] *am Schalter* [b] *am Fahrplan eine Fahrkarte kaufen.*
3. *Wann fährt der Zug? – Schau da, der Fahrplan.* [a] *Ankunft* [b] *Abfahrt um 17.31 Uhr.*
4. *Wo kommt der Zug an? – Moment mal, auf* [a] *Bahnsteig 7* [b] *Ausgang 7.*
5. *Der ICE 439 aus Hamburg kommt auf* [a] *Bahnhof 13* [b] *Gleis 13 an.*
6. *Du hast doch reserviert.* [a] *In welchem Waggon* [b] *In welchem Zug ist dein Platz?*
7. *Können Sie mir bitte helfen?* [a] *Mein Gepäck* [b] *Mein Fahrplan ist sehr schwer.*
8. *Da links ist die Information. Siehst du* [a] *die Bahn?* [b] *das Schild?*
9. *Pass bitte* [a] *auf meinen Schalter* [b] *auf meinen Koffer auf.*

4 Ein Gespräch am Schalter. Ordnen Sie die Sätze zu. (→ 3)

1. _B_ Guten Morgen. Bitte sehr?
2. ___ Gerne. Wann möchten Sie fahren?
3. ___ Ja, Moment bitte. Abfahrt 9.28 Uhr. ... Einfach oder hin und zurück?
4. ___ Sie müssen in Mannheim umsteigen und kommen dann um 11.33 Uhr in Wiesbaden an. Und wann möchten Sie zurückfahren?
5. ___ Um 9.02 Uhr ab Wiesbaden. Umsteigen in Frankfurt. Ankunft in Stuttgart ist 11.08 Uhr.
6. ___ Möchten Sie einen Platz reservieren?
7. ___ Fahren Sie erster oder zweiter Klasse?
8. ___ Wo möchten Sie sitzen? Abteil oder Großraumwagen, Gang oder Fenster?
9. ___ Gut, ein Fensterplatz im Großraumwagen. Haben Sie auch eine Bahncard?
10. ___ Das macht dann 102 Euro.
11. ___ Und Ihr Ticket. Vielen Dank und eine gute Reise.

A Danke. Wiedersehen.

B Guten Morgen, zwei Fahrkarten nach Wiesbaden, bitte.

C Prima, 9.02 Uhr passt sehr gut. Danke.

D Hin und zurück, bitte. Fährt der Zug direkt oder müssen wir umsteigen?

E Ja, bitte. Morgens sind die Züge immer sehr voll.

F Jetzt, um halb zehn. Da fährt doch ein Zug, oder?

G Lieber nicht im Abteil, Großraumwagen ist besser. Am liebsten am Fenster.

H Morgen Vormittag, am besten so um 9.00 Uhr.

I Nein. Leider nicht.

J Hier, bitte schön.

K Zweiter Klasse.

5 Wichtige Fragen, wenn man auf Reisen ist. Ergänzen Sie das passende Verb. Achten Sie auf die richtige Form. (→ 4)

1. Wann _fährt_ der nächste Zug nach ...?
2. Was ___________ ein Fahrkarte nach ...?
3. Wann ___________ ich in ... ___________?
4. Fährt der Zug direkt oder muss ich ___________?
5. Kann ich einen Platz ___________?
6. ___________ es noch Plätze im Großraumwagen?
7. Kann ich am Fenster ___________?
8. Wie lange ___________ die Fahrt nach ...?

ankommen • dauern • ~~fahren~~ • geben • kosten • reservieren • sitzen • umsteigen

6 Gespräche auf Reisen. Schreiben Sie Sätze (→ 4)

1. _Ich muss um 14 Uhr in Münster sein._
   um 14 Uhr / in Münster / ich / müssen / sein / .
2. ___________
   ich / heute / hinfahren / und / übermorgen / zurück / .
3. ___________
   einen Platz / im Abteil / reservieren / ich / möchten / .
4. ___________
   ich / direkt / fahren / möchten / , / weil / viel Gepäck / ich / haben / .
5. ___________
   ich / den Schaffner / im Zug / fragen / , / wenn / die Fahrkarten / er / kontrollieren / .
6. ___________
   leider / der Zug / Verspätung haben / und / ich / zu spät / ankommen / .

7 Eine Fahrt mit dem Zug. Wie heißen die Wörter? Notieren Sie mit Artikel. (→ 3–4)

~~GROSS~~ KUNFT TE ~~RAUM~~ BAHN FAHR FAHRT
STEIG ~~WA~~ AB AN FAHRT ~~GEN~~ SCHAL
SER RÜCK KAR VIE TER RE RUNG

der Großraumwagen ______ ______ ______

______ ______ ______ ______

8 Was hat Lena in Leipzig gemacht? Welches Adjektiv ist richtig? Kreuzen Sie an. (→ 5)

1. Wir haben ein lange ☐ langes ☐ Wochenende in Leipzig verbracht.
2. In Leipzig gibt es einen sehr schöne ☐ schönen ☐ Bahnhof.
3. Wir haben zwei tolle ☐ tollen ☐ Konzerte im „Gewandhaus" besucht.
4. Wir haben eine alte ☐ alten ☐ Kirche angesehen, die Thomaskirche.
5. Am besten war das Abendessen in einem historische ☐ historischen ☐ Restaurant.
6. In Leipzig gibt es wirklich viele ☐ vielen ☐ Sehenswürdigkeiten.
7. Ich habe nicht gewusst, dass Leipzig so eine interessante ☐ interessanten ☐ Stadt ist.

9 Neu in der Stadt. Welche Endung hat das Adjektiv? Ergänzen Sie. (→ 5–6)

1. Ich suche ein gut*es* Theater.
2. Wo ist eine interessant*e* Ausstellung?
3. Kannst du mir eine gut*e* Kneipe empfehlen?
4. Kann man hier ein modern*es* Museum besuchen?
5. Kennst du einen schön*en* Biergarten?
6. Gibt es hier einen alt*en* Park?
7. Können Sie mir den Weg auf meinem klein*en* Stadtplan zeigen?
8. In welchem Viertel liegt deine neu*e* Wohnung?

10 Was muss es in einer Stadt geben? Was finden Sie wichtig? Schreiben Sie Sätze mit *ein, eine* oder und einem Adjektiv. (→ 6)

Ich finde wichtig, dass es ______ gibt.
Ich finde, eine Stadt muss ______ haben.
Ich denke, dass ______ wichtig ist.
Ich möchte, dass es ______ gibt.
Ich glaube auch, dass ______ wichtig ist.

11 a Den Beruf wechseln. Ergänzen Sie die Adjektive in der richtigen Form. Achten Sie auf das Artikelwort. (→ 5 und 7)

Frau Lingen ist Bankkauffrau. „Eigentlich habe ich einen _guten_ (gut; 1) Beruf", sagt sie. Frau Lingen arbeitet immer nur den _halben_ (halb; 2) Tag, denn sie hat einen _kleinen_ (klein; 3) Sohn. Bei ihrer _täglichen_ (täglich; 4) Arbeit in einer _großen_ (groß; 5) Bank spricht sie mit den Kunden. „Vor allem _alte_ (alt; 6) Personen kommen in die Bank. Ihnen muss ich oft die _neuen_ (neu; 7) Dinge erklären." Das macht sie gern. Aber sie muss auch _langweilige_ (langweilig; 8) Sachen machen und das ist ihr _großes_ (groß; 9) Problem. Deshalb möchte sie ihren Beruf wechseln, wenn sie wieder den _ganzen_ (ganz; 10) Tag arbeitet: „Ich habe schon eine _tolle_ (toll; 11) Idee!"

b Wie arbeitet Frau Lingen heute? Ergänzen Sie *mit* oder *ohne*.

1. _mit_ vielen Kunden
2. ________ ihrer Kollegin
3. ________ einem modernen Computer

4. ________ eine Mittagspause
5. ________ ihren Sohn
6. ________ private Telefongespräche

12 Präsens, Präteritum oder Perfekt? Welche Form von *werden* ist richtig? (→ 8)

1. Frau Prokopic hat eine Lehre gemacht und _ist_ Friseurin _geworden_.
2. Früher war Herr Studer Arzt, aber dann _wurde_ er Fernfahrer.
3. Peter geht noch in die Schule. In zwei Monaten _wird_ er sechzehn und macht den Realschulabschluss. Nach der Schule will er Grafiker _werden_.
4. Frau Wunse war Tischlerin, aber dann _wurde_ sie krank und konnte nicht mehr als Tischlerin arbeiten. Jetzt studiert sie und _wird_ Architektin.
5. Hast du Angst, dass du arbeitslos _wirst_?

13 Ein Telefongespräch. Markieren Sie die Sätze in der Wortschlange und ergänzen Sie die Tabelle. Achten Sie auch auf die richtigen Satzzeichen. (→ 11 und 12)

FRAPOETKWETKANNICHMITHERRNREISERSPRECHENNRECKÖNNTHERRREISERISTGERADENICHTAMPLATZUPIGLIK
BUNNKANNICHETWASAUSRICHTENENLOKNMAKKANNICHEINENACHRICHTFÜHRIHNHINTERLASSENDENDEI
SKCHKÖNNENSIEMICHMITFRAUBERGVERBINDENWOLLSIHMÜSKANNFRAUBERGSIEZURÜCKRUFENUHER

Anrufer	Mitarbeiter in der Firma

14 a Der Traumberuf. Wie verläuft der berufliche Weg von Patrick? Zeichnen Sie eine Linie. Beginnen Sie mit ☐. (→ 9 und 13)

sehr gut zurecht.	Aber	er will sich	und geht zurück	nach Berlin.	Vier Jahre lang
kommt Patrick	Mit dieser Arbeit	für die Tätigkeit	besser qualifizieren	Informatik.	studiert er
lernt er	auch programmieren.	eine Lehre und	macht Patrick	Neben dem Studium	kann er
Hier	in einer Computerfirma.	wird Grafiker.	Nach der Schule	erfolgreich.	gute Jobs finden
findet er	eine Arbeitsstelle	Nach drei Jahren	will er	und ist	und Geld verdienen.
Dort	nach Schweden.	und geht	im Ausland arbeiten	eine eigene Firma	Patrick gründet

b Schreiben Sie die Geschichte von Patrick in der Vergangenheit.

Nach der Schule hat Patrick eine Lehre gemacht und ____________________

____

____

Wortbildung – Komposita (2)

15 a Was bedeutet das? Ordnen Sie zu. Ergänzen Sie den Artikel.

1. _das_ Reiseziel _D_
2. ______ Reisebüro ____
3. ______ Reiseführer ____
4. ______ Reisepass ____
5. ______ Reisetasche ____

A Hier können Sie eine Reise kaufen.
B Diese Tasche nimmt man für eine Reise.
C Mit diesem Dokument können Sie reisen.
D Die Reise führt an dieses Ziel.
E Diese Person führt Sie durch eine fremde Stadt.

b Was denken Sie: Wie heißt das Wort? Kontrollieren Sie mit dem Wörterbuch.

1. In dieser Stunde haben die Schüler Deutsch: _die Deutschstunde_
2. In diesem Kurs lernt man Kochen: ____________________
3. Dieses Buch hilft beim Kochen: ____________________
4. Dieser Fan liebt Musik: ____________________
5. Diese Schuhe trägt man beim Sport: ____________________
6. Mit dieser Maschine kann man Kaffee machen: ____________________
7. Nach dieser Prüfung bekommt man den Führerschein: ____________________

> **!** Der erste Teil vom Kompositum gibt genauere Informationen über das Wort am Ende:
> *der **Reise**koffer:* Was für ein Koffer? – Der **Koffer** *für die* ***Reise.***
> Das Wort hinten gibt den Artikel.

Ganz schön mobil

6

1 Mit dem Auto und öffentlich unterwegs. Was passiert? Ergänzen Sie. (→ 1)

Ich komm' nicht w_ _ _ _ _ (1), da vorne war ein Un_ _ _ _ (2) und ich steh' im St_ _ (3). Da hilft auch das Na_ _ (4) nichts!

Die Straßenbahn hat Vers_ _ _ _ _ _ (5), und dann ist meine U-Bahn bestimmt weg. Das kann doch nicht wahr sein! Die nächste f_ _ _ _ (6) erst in einer halben St_ _ _ _ (7).

Natürlich sind alle A_ _ _ _ _ (8) rot, wenn ich keine Z_ _ _ (9) habe. Und dann kon_ _ _ _ _ _ _ _ _ (10) mich noch die Po_ _ _ _ _ (11). Das gibt's doch nicht! Hoffentlich finde ich wenigstens einen Pa_ _ _ _ _ _ _ (12)

Puh, ist der Bus heute v_ _ _ (13)! Ich hätte so gern einen Si_ _ _ _ _ _ _ (14). Zum Glück muss ich gleich um_ _ _ _ _ _ _ (15).

Ist das ärg_ _ _ _ _ _ (16)! Letzte Woche war ein Reifen k_ _ _ _ _ (17), heute macht der M_ _ _ _ (18) Probleme. Mein A_ _ _ (19) ist öfter in der We_ _ _ _ _ _ _ (20) als auf der Straße.

2 Wann können Sie das sagen? Ordnen Sie zu. (→ 2)

Entschuldige bitte. Es geht gleich los! Tut mir leid, es geht nicht schneller.

Ich hab's ja gewusst. Du bist nie pünktlich. Ich bin gleich da. Immer muss ich warten.

Entschuldigung, aber es ist so viel los. Ich warte schon eine Viertelstunde.

Mensch, wo bleibst du denn? In fünf Minuten bin ich bei dir.

Sie warten auf einen Freund / eine Freundin. Er/Sie kommt nicht.	Ein Freund / Eine Freundin wartet auf Sie. Sie sind zu spät und rufen ihn/sie an.
______________________	______________________
______________________	______________________
______________________	______________________
______________________	______________________
______________________	______________________

3 Fahren – ohne Vokale. Wie heißen die Wörter richtig? Notieren Sie mit Artikel. (→ 3)

V_RSP_T_NG	*die Verspätung*	S_TZPL_TZ	__________
_NSCHL_SS	__________	T_NKST_LL_	__________
P_L_Z_ _	__________	_MP_L	__________
F_HR_RSCH_ _N	__________	P_NN_	__________

4 Auf Reisen. Was wollen die Personen wissen? Schreiben Sie indirekte Fragesätze. (→ 4)

Wie viel kostet die Hin- und Rückfahrt? Karin

Wann kommt der Zug in Hamburg an? Isabel Kerber

Wie lange müssen wir auf den Anschluss warten? Stefan

Wo finde ich in der Nähe einen Parkplatz? Aylin

Wie oft muss ich umsteigen? Dieter Ortner

Warum fährt die S-Bahn nicht endlich ab? Jakob

1. Aylin fragt ihre Freunde, *wo sie in der Nähe einen Parkplatz findet.*
2. Karin möchte wissen, Wie viel die Hin-und Rückfahrt kostet ?
3. Herr Ortner fragt den Schaffner, ______________________
4. Stefan weiß nicht, wie lange wir auf den Anschluss warten müssen?
5. Frau Kerber fragt am Schalter, ______________________
6. Jakob will wissen, ______________________

5 Was möchten die Leute wissen? Welche Frage ist richtig? Kreuzen Sie an. (→ 6–7)

1. Können Sie mir sagen,
   - a ob wir rechtzeitig in Stuttgart ankommen?
   - b ob wir rechtzeitig in Stuttgart kommen an?
2. Ich weiß nicht,
   - a ob ich kann bei dir in der Nähe einen Parkplatz finden.
   - b ob ich bei dir in der Nähe einen Parkplatz finden kann.
3. Ich bin nicht sicher,
   - a ob ich einen Sitzplatz muss reservieren.
   - b ob ich einen Sitzplatz reservieren muss.
4. Mich interessiert besonders,
   - a ob wir mit dem Navigationssystem schneller sind.
   - b ob mit dem Navigationssystem wir schneller sind.
5. Ich mache mir Sorgen,
   - a ob ich den nächsten Zug erreichen kann.
   - b ob kann ich den nächsten Zug erreichen.
6. Ich möchte gern wissen,
   - a ob an der nächsten Haltestelle muss ich aussteigen.
   - b ob ich an der nächsten Haltestelle aussteigen muss.

6 Was möchten Sie über D-A-CH wissen? Schreiben Sie indirekte Fragesätze. (→ 4–7)

Ist das Essen in Deutschland gut?

Wie schnell darf man in Deutschland fahren?

Warum ist die Schweiz für Uhren bekannt?

Gibt es in Österreich gute Schauspieler?

Mich interessiert, ______________________

Ich weiß nicht, ______________________

Ich bin nicht sicher, ______________________

Ich frage mich, ______________________

Ich möchte wissen, ______________________

7 Finden Sie 16 Wörter zum Thema „Auto fahren“. Markieren Sie. Schreiben Sie die Substantive mit Artikel (→ 7)

R	R	I	R	U	N	A	V	I	M	E	L	K	B
Ü	E	K	E	N	N	Z	E	I	C	H	E	N	A
C	I	O	P	K	W	A	R	W	I	A	B	S	U
K	F	Z	A	L	A	J	K	A	P	U	T	T	S
W	E	B	R	E	M	S	E	N	M	Y	A	A	T
Ä	N	T	A	V	P	T	H	C	O	D	N	U	E
R	O	A	T	U	E	R	R	H	T	R	K	O	L
T	P	I	U	P	L	K	W	T	O	E	E	N	L
S	V	E	R	S	I	C	H	E	R	U	N	G	E

der LKW, ____________________

____

____

____

____

____

____

____

____

8 Welches Wort passt nicht? Streichen Sie. (→ 7)

1. das Flugzeug – die Baustelle – die Autobahn – der Stau
2. die Reparatur – kaputt sein – die Werkstatt – die Tankstelle
3. die Polizei – das Kennzeichen – der Abflug – die Radarkamera
4. der Flughafen – abfliegen – rückwärts fahren – landen
5. das KFZ – der PKW – die DVD – der LKW
6. bremsen – verpassen – tanken – parken

9 Der Weg zur Arbeit. Wie fährt Moritz und wie soll Lara fahren? Ergänzen Sie. (→ 8)

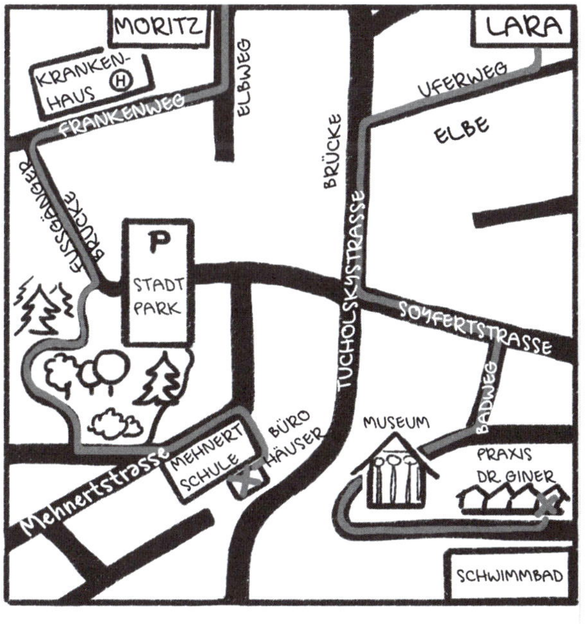

Moritz fährt *bis zum* Frankenweg, dort biegt er rechts ab, fährt __________ Krankenhaus __________ und dann links __________ die Brücke. Er fährt __________ den Stadtpark __________ Mehnertstraße und __________ die Mehnertschule __________. Hinter der Schule, in der Tucholskystraße, da ist sein Büro.

Lara, wenn du mit dem Fahrrad kommst, dann kannst du die Elbe __________ fahren, __________ die Brücke __________ Soyfertstraße. Dort fährst du links, biegst in den Badweg ab und fährst dann __________ das Museum __________. Die Praxis ist __________ dem Schwimmbad.

an … vorbei • ~~bis … zu~~ • bis … zu • bis … zu • durch • entlang • gegenüber • über • über • um … herum • um … herum

10 Was heißt Carsharing? Wie funktioniert es? Ordnen Sie zu. (→ 10)

1. _F_ Beim Carsharing braucht man kein eigenes Auto,
2. ___ Carsharing funktioniert ein bisschen wie eine Autovermietung,
3. ___ Wenn Sie Ihr Auto nur manchmal brauchen,
4. ___ Aber Carsharing lohnt sich nicht,
5. ___ Wenn man Mitglied bei einem Anbieter werden will,
6. ___ Mitglieder können über Telefon oder Internet immer ein Auto mieten
7. ___ Man braucht sich nicht um Versicherung oder Reparaturen kümmern,

A dann ist das Konzept Carsharing gut für Sie.
B und dann für die Zeit und die Kilometer bezahlen.
C aber man ist flexibler. Und es ist billiger als ein Mietauto.
D muss man einen Vertrag unterschreiben und eine Gebühr zahlen.
E weil das der Anbieter organisiert. Sie geben den Wagen einfach nur ab.
F denn man kann immer günstig ein Auto leihen.
G wenn Sie viel fahren oder das Auto für den Weg zur Arbeit brauchen.

11 Der Ja-Sager und der Nein-Sager. Wählen Sie je drei Aussagen und ergänzen Sie die Sätze. (→ 10)

1. Für mich ist das Unsinn, weil _ich nicht sofort ein Auto habe, wenn ich es brauche._
2. Ich finde gut, dass ______________________
3. Für Carsharing spricht, dass ______________________
4. Ich bin total dagegen, weil ______________________
5. Ich finde das nicht praktisch, wenn ______________________
6. Ich bin dafür, weil ______________________

Und was ist Ihre Meinung?

Ich denke, dass ______________________

Aber ich meine auch, dass ______________________

12 Wie fahren die Personen zur Arbeit? Ergänzen Sie die Verben. (→ 11)

brauchen • dauern • ~~fahren~~ • fahren • nehmen • warten • pendeln • umsteigen

Anna Franze fährt (1) immer mit dem Fahrrad. So ist sie schneller als mit dem Bus oder der U-Bahn, weil sie nie ______ (2) muss. Sie ______ (3) nur nicht einmal eine halbe Stunde für ihren Weg. Markus Müller wohnt auf dem Land und ______ (4) jeden Tag mit dem Zug in die Stadt in seine Praxis. Er ______ (5). Peter Koch ______ (6) den Bus, und dann muss er in die U-Bahn ______ (7). Manchmal ______ (8) die Fahrt bis zur Uni eine Stunde.

13 Der Weg zur Arbeit. Schreiben Sie Sätze. (→ 12)

1. ______
   nur wenige Leute / in Wien / nur 10 Minuten / für den Weg / zur Arbeit / brauchen / .
2. ______
   in Essen / nur 12 Prozent / mit dem Fahrrad / zur Arbeit / fahren / .
3. ______
   der Weg / zur Arbeit / in Berlin / im Durchschnitt / länger / als in Essen / sein / .
4. ______
   in Essen / die meisten Leute / das eigene Auto / benutzen / für den Weg zur Arbeit / .

Wortbildung – Verneinung mit *-un*

14 a Welches Wort bedeutet das Gegenteil? Ordnen Sie zu.

потворний
hässlich • schnell • ~~schwer~~ • langweilig • unpraktisch • voll • ungeduldig • unmöglich • ungefährlich

1. leicht	schwer	4. leer	______	7. spannend	______
2. praktisch	______	5. möglich	______	8. geduldig	______
3. langsam	______	6. gefährlich	______	9. schön	______

b Bilden Sie Adjektive mit *un-*.

1. Das alte Radio ist so (nicht praktisch) ______!
2. Die Züge bei uns sind (nicht pünktlich) ______.
3. Die Möbel in unserer Wohnung sind (nicht modern) ______.
4. Currywurst ist sehr fett. Das ist (nicht gesund) ______.
5. Traurige Filme machen mich (nicht glücklich) ______.
6. Ich habe den Termin vergessen. Das ist sehr (nicht angenehm) ______.
7. Viele wichtige Verben im Deutschen sind (nicht regelmäßig) ______.

Mit der Vorsilbe *un-* kann man viele Adjektive und auch einige Substantive verneinen:
*gesund – **un**gesund*
*das Glück – das **Un**glück*

7 Gelernt ist gelernt

1 Chinesisch lernen. Wie lernt die Person Chinesisch? Ergänzen Sie den Bericht. (→ 1)

allein • die Aussprache • ~~beruflich~~ • Chinesisch • das Land • jetzt • Kurs • Lehrer • Spaß • Stunden

Vor fünf Jahren war ich _beruflich_ (1) in China. Und weil mich ________ (2) so fasziniert hat, wollte ich ________ (3) lernen. Zuerst habe ich ________ (4) gelernt, also mit einem Computerprogramm: „Chinesisch in 30 ________ (5)“. Das war aber nichts für mich, so allein vor dem Computer, ohne ________ (6) und andere Leute. Also habe ich einen ________ (7) gemacht. Und dann noch einen und noch einen. ________ (8) mache ich den zehnten Kurs. Chinesisch lernen macht ________ (9), aber es ist nicht leicht. Besonders ________ (10) und die Schrift finde ich kompliziert. Da heißt es: Üben, üben, üben ...

2 Ich und mein Garten. Bringen Sie die Aussagen in die richtige Reihenfolge. (→ 1)

___ Da hatte ich endlich meinen Garten!

___ Ich habe früher in einer kleinen Wohnung mitten in der Stadt gewohnt, aber vor drei Jahren sind wir aufs Land gezogen.

___ Ich habe gedacht, das ist alles ganz leicht, und habe einfach Blumen und Gemüse gepflanzt.

_1_ Ich wollte schon immer einen Garten haben.

___ Im ersten Jahr ist alles kaputt gegangen. Deshalb habe ich viel in Büchern gelesen und meine Nachbarn gefragt.

___ Im zweiten Jahr war es dann schon viel besser, und jetzt sieht der Garten richtig schön aus.

3 Lernprobleme. Wie kann man es anders sagen? Ordnen Sie zu. (→ 3)

1. Vor einer Prüfung kann ich mich nicht entspannen. _E_
2. Ich lerne auch in der Nacht. ___
3. Ich fange immer zu spät mit dem Lernen an. ___
4. Ich verschiebe das Lernen oft auf den nächsten Tag. ___
5. Ich kann mich nicht konzentrieren, wenn ich lerne. ___
6. Ich möchte Prüfungen immer sehr gut machen. ___

A Ich will zu perfekt sein.

B Ich denke beim Lernen oft an andere Dinge.

C Ich bereite mich nie rechtzeitig vor.

D Ich halte meinen Zeitplan nicht ein, ich habe zu wenig Disziplin.

E Ich bin sehr nervös und denke immer nur an die Prüfung.

F Ich bekomme nicht genug Schlaf.

4 Florian hat es geschafft! Schreiben Sie Sätze in der Vergangenheit. (→ 3)

1. *Florian hat zwei Wochen lang jeden Tag gelernt.*
   Florian / zwei Wochen / lang / jeden Tag / lernen / .
2. ______________________________
   er / konsequent / sein / und / immer / den Stoff / wiederholen / .
3. ______________________________
   deshalb / keine Angst / er / haben / und / vor der Prüfung / gut / schlafen / .
4. ______________________________
   um 10 Uhr / Florian / seinen Termin / für die Prüfung / haben / .
5. ______________________________
   er / sich konzentrieren / gut / können / und / nicht / nervös / sein / .
6. ______________________________
   Florian / die Prüfung / schaffen / und / am Abend / lang / feiern / .

5 Lernen und Prüfungen machen. Was hilft? Ergänzen Sie die Verben (→ 3–4)

EIN ZEN HAL TRIE BEN REN VER ENT VOR FRA SPAN SCHIE KON NEN TEN NACH GEN REI TEN BE

1. den Zeitplan ______________
2. das Lernen nicht immer ______________
3. sich in den Pausen ______________
4. sich so früh wie möglich ______________
5. sich beim Lernen gut ______________
6. in der Prüfung bei Problemen ______________

6 Was sollten die Personen (nicht) machen? Schreiben Sie Tipps mit *sollte*. (→ 4)

1. Mario – Zeit mit Freunden einplanen *Mario sollte Zeit mit Freunden einplanen.*
2. du – auch mal nichts tun ______________
3. man – sich für seine Arbeit belohnen ______________
4. Sie – vor der Prüfung tief durchatmen ______________
5. wir – wieder einmal zusammen lernen ______________
6. Frau Kibart – nicht so streng zu sich sein ______________

7 Mein Beruf. Ergänzen Sie die Sätze. (→ 4 und 6)

1. Als Kind wollte ich ______________ werden, weil ______________
   ____
2. Jetzt bin ich ______________, denn ______________
   ____
3. Da muss man viel / nicht viel arbeiten, weil ______________
   ____

8 Lesen Sie den Text. Ergänzen Sie die Lücken. (→ 6)

Magdalena wollte eine besondere Sp_ _ _ _ _ (1) lernen. Also hat sie mehrere K_ _ _ _ (2) für Gebärdensprache gemacht und sich später sogar für eine Ausb_ _ _ _ _ _ (3) als Gebärdendolmetscherin entschieden. So ist das ihr B_ _ _ _ (4) geworden und die A_ _ _ _ _ (5) macht ihr v_ _ _ (6) Spaß. „Ich mache jeden Tag etwas anderes", er_ _ _ _ _ (7) sie, „und das mag ich: Ich sorge für eine g_ _ _ (8) Kommunikation zwischen Menschen, wenn sie ohne H_ _ _ _ (9) nicht miteinander sprechen können." Manchmal begl_ _ _ _ _ (10) Magdalena gehörlose Menschen zum Ar_ _ (11) oder zu einem Amt. „Ich habe auch schon ein paar M_ _ (12) auf dem Standesamt gedolmetscht, w_ _ _ (13) eine gehörlose Person geheiratet hat."

An manchen Ta_ _ _ (14) hat Magdalena mehrere Auf_ _ _ _ _ (15) bis spät am Abend. An anderen Tagen hat sie komplett frei. „Das br_ _ _ _ _ (16) ich auch, denn meine Arbeit ist ziemlich anst_ _ _ _ _ _ _ (17)."

9 Im Beruf. Lösen Sie das Rätsel. Wie heißt das Lösungswort? (Ä=Ä usw.) (→ 6)

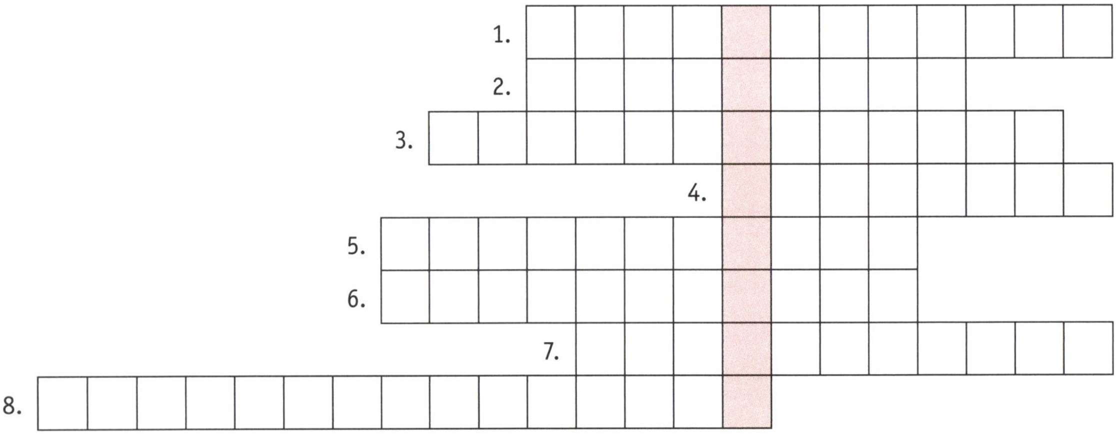

1. Frau Rieder arbeitet zu Hause und macht aus chinesischen Texten deutsche Texte, sie ist …
2. Silvia Hofer arbeitet mit Kindern, die Probleme beim Sprechen haben. Oder sie hilft bei Problemen mit der Stimme. Sie ist …
3. Frau Rieder ist keine Angestellte in einer Firma, sie arbeitet … Sie ist selbstständig.
4. Frau Rieder kann ihre Arbeit nicht immer gut planen. Es gibt Tage, an denen sie viele … hat und andere mit wenigen.
5. Christof Marsch spricht sehr gut Chinesisch, aber er übersetzt nicht gern Texte. Er arbeitet lieber als … bei Gesprächen.
6. Manchmal muss er seine Kunden auch zu einem Termin beim Arzt oder ins … begleiten.
7. Herr Marsch hat jeden Tag andere Aufträge, deshalb ist sein … immer verschieden.
8. Ines fliegt fast jeden Tag, es ist ihr Beruf. Sie ist … und betreut die Passagiere im Flugzeug.

Alle arbeiten in diesen Berufen, weil sie ____________________ lieben.

10 Was ist das? Ergänzen Sie die Namen. Achten Sie auf -s oder '. (→ 6)

Max' Bücher   _______ Brille   _______ Handy   _______ Fahrrad

11 Zeitangaben: Was ist richtig? Kreuzen Sie an. (→ 7–8)

1. Wie lange arbeitest du heute? – Nicht so lang, nur [a] nach [b] um [c] bis halb fünf.
2. Wie ist die neue Arbeit? – Es geht, ich muss leider auch [a] um [b] an [c] ab Samstagen arbeiten.
3. Wann hast du Urlaub? – Schon bald, [a] bis [b] über [c] ab dem 27. August.
4. Wann kommst du nach Hause? – Gleich nach der Arbeit, [a] über [b] um [c] an halb fünf.
5. Wie lange dauert die Fahrt? – Ziemlich lang, [a] nach [b] vor [c] über vier Stunden.
6. Wann sehen wir uns? – Heute Abend, gleich [a] nach [b] ab [c] an der Arbeit.
7. Wann ist die Arbeit fertig? – Ich denke, [a] bis [b] vor [c] über dem Wochenende.

12 „Altes Haus" – ein Generationenprojekt. Wie gehen die Satzanfänge weiter? Ordnen Sie zu. (→ 10)

1. D „Altes Haus" ist ein Projekt für Junge
2. ___ Im Cafe kann man Getränke und selbst gemachten Kuchen bekommen,
3. ___ Das Projekt ist beim Stadtfest vor fünf Jahren entstanden,
4. ___ Ina Ölz und viele andere Frauen haben von Agnes Viertler gelernt,
5. ___ Auch Agnes Viertler hat im Projekt „Altes Haus" Neues gelernt,
6. ___ Andreas Kruder programmiert für das Café die Musik
7. ___ Agnes Viertler und Ina Ölz haben für ihr Projekt „Altes Haus"

A aber man kann auch Sachen kaufen und Kurse besuchen.
B da haben ein paar Frauen Marmelade und Säfte verkauft.
C einen Preis im Wert von 5.000 Euro bekommen.
D und Alte. Sie treffen sich in einem Haus mit Café.
E und er mag es gern, wenn man DJ Andreas zu ihm sagt.
F wie man aus Früchten richtig gute Marmelade oder Säfte macht.
G zum Beispiel wie man mit der Computerkasse arbeitet oder wie man E-Mails schreibt.

13 Wichtige Ausdrücke für eine Präsentation. Ergänzen Sie. (→ 12)

funktioniert • gewählt • gibt • ist • mitmacht • sprechen • ~~vorstellen~~

Ich möchte Ihnen heute das Projekt *Vorleser* kurz vorstellen (1). Ich habe dieses Projekt _______ (2), weil ein Freund von mir bei *Vorleser* _______ (3). Ich möchte über drei Punkte _______ (4). Erstens: Wie _______ (5) das Projekt? Zweitens: Warum _______ (6) es dieses Projekt? Und drittens, was _______ (7) wichtig?

Zum ersten Punkt: Das Projekt ist ganz einfach …

14 Eine Präsentation halten: Wo passen die Ausdrücke? Schreiben Sie. (→ 12)

Vielen Dank. Ich fasse kurz zusammen. Mir gefällt besonders gut, dass ... Haben Sie noch Fragen? Ich gebe Ihnen ein Beispiel.

1. Sagen Sie Ihre Meinung. ____________
2. So verstehen die Zuhörer es besser. ____________
3. Sie kommen jetzt zum letzten Teil. ____________
4. Bedanken sie sich bei Ihren Zuhörern. ____________
5. Fragen Sie, ob jemand noch etwas wissen will. ____________

15 Was macht man bei einer guten Präsentation? Markieren Sie die Ausdrücke in der Wortschlange. Schreiben Sie dann Tipps. (→ 13)

ADJOKATEINENINTERESSANTENINHALTWÄHLENBRIKOLMABILDERVERWENDE
NKLAZIBAMEKODIEZUHÖRERDIREKTANSPREICHENOBIKOMATEINEGLIEDERUN
GMACHENVRATIKDIEZUHÖRERANSEHENNABASILSICHAMSCHLUSSBEDANKENIREMPF

Wählen Sie einen interessanten Inhalt! ____________ ____________
____________ ____________
____________ ____________

Wortbildung – Substantive mit *-ung*

16 a Wie heißt das Substantiv? Schreiben Sie.

1. Sie müssen sich im Büro anmelden. – die *Anmeldung*
2. Sie lernt Chinesisch und muss viel üben – die ____________
3. Hast du das Rätsel gelöst? – die ____________
4. Wir laden euch zum Essen ein. – die ____________
5. Hast du einen Sitzplatz reserviert? – die ____________

Viele Substantive mit *-ung* stammen von einem Verb ab:
wohnen – ***die** Wohn**ung**.*
Substantive mit der Endung *-ung* haben immer den Artikel *die* und den Plural *-en:*
die Wohnungen.

~~Anmeldung~~ • Einladung • Lösung • Reservierung • Übung

b Wie heißt das Substantiv? Schreiben Sie und kontrollieren Sie mit dem Wörterbuch. Achten Sie auch auf Singular oder Plural.

1. Die Jacke habe ich im Internet bestellt. Nach zwei Tagen war *die Bestellung* da.
2. Ist der Film gut? Was meinst du? Mich interessiert deine ____________.
3. Wer kann denn hier so gut zeichnen? Das sind ja tolle ____________.
4. Die Firma bezahlt nicht viel. Die ____________ ist schlecht.
5. Kannst du dich noch erinnern? – Ja, das sind schöne ____________.

Sportlich, sportlich!

1 Mein Lieblingssport. Ergänzen Sie die Aussagen. (→ 1)

Seit drei Jahren bin ich ein großer Schneeschuh-Fan (1). Ich bin im ____________ (2) gern draußen. Beim Schneeschuh-Wandern kann ich die ____________ (3) so richtig genießen.

Reiten ist der ideale ____________ (4) für mich, denn da bin ich in der Natur. Und ich liebe Tiere, besonders mein ____________ (5) Toli. Mit dem Reithelm fühle ich mich ____________ (6).

Meine Freundin taucht schon lange und ist ____________ (7) von diesem Sport. Dann habe ich es selbst ausprobiert. Diese andere Welt unter ____________ (8) ist wunderschön. Jetzt ist Tauchen auch mein großes ____________ (9) geworden.

Meinen Sport kann ich immer und ____________ (10) machen, egal wo ich bin. Er ist billig, ich brauche ____________ (11) meine Sportschuhe. Ich mache Parkour und laufe in der ____________ (12) ohne Stopp.

begeistert • ~~Fan~~ • Hobby • Landschaft/Natur • nur • Pferd • sicher • Sport • Stadt • überall • Wasser • Winter

2 Wandern. Lesen Sie den Text und die Fragen. Notieren Sie die Antworten. (→ 1)

„Ich wandere gern in den Bergen, im Sommer und besonders im Herbst", erzählt Petra Nagel. „Ich war noch ein Kind, da bin ich schon oft mit meiner Mutter wandern gegangen. Die Liebe zu den Bergen habe ich von ihr, glaube ich."
Wandern in den Bergen kann ganz schön anstrengend sein: Oft geht es ein paar Stunden lang immer nur aufwärts, immer weiter nach oben. „Aber das macht mir nichts aus, im Gegenteil. Dann weiß ich am Abend, warum ich müde bin." Wenn Frau Nagel in den Bergen wandert, dann vergisst sie, dass in der Arbeit und zu Hause Probleme warten. „Ich genieße die Landschaft und die Farben zu jeder Jahreszeit."
Zum Wandern braucht man nicht viel: gute Wanderschuhe, bequeme Kleidung, auch für Regen und Kälte, und einen Rucksack. Im Rucksack sind immer Essen und Getränke für die Pausen.
„Am allerschönsten in den Bergen ist die Ruhe", findet sie.

1. Wann wandert Petra Nagel am liebsten? ____________
2. Wann hat die sie mit Bergwandern begonnen? ____________
3. Warum ist es Frau Nagel egal, dass es anstrengend ist? ____________
4. Was vergisst sie beim Bergwandern? ____________
5. Was braucht man für diesen Sport? ____________
6. Was mag Petra Nagel an den Bergen besonders gern? ____________

3 Mein (Sport-)Gegenstand. Notieren Sie. (→ 2)

Dieser Gegenstand ist typisch für mich: ______________________

Wann haben Sie das gekauft oder bekommen? ______________________

____

Was machen Sie damit? ______________________

____

Warum ist das wichtig für Sie? ______________________

____

4 Begeisterung, Enttäuschung und Hoffnung. Schreiben Sie die Aussagen richtig. (→ 3–4)

HASTDUDASGESEHENDASWARGRO ______________________

SSARTIGERISTEINFACHDERBESTE ______________________

OHWIEISTDASSCHÖN ? ! . , ! ______________________

NEINBITTENICHTDASKANNDOC ______________________

HNICHTWAHRSEINSOEINPECH ______________________

, ! . ! ______________________

HOFFENTLICHKAPPTESSIESINDBE ______________________

STIMMTINTOPFORMICHHOFFEDAS ______________________

SSIEHEUTEGEWINNEN . . , . ______________________

5 *deshalb* oder *trotzdem*? Ergänzen Sie. (→ 5)

1. Frau Polgar hat sich über 5 Stunden konzentriert, ______________ ist sie müde.

2. Katrin hatte Schmerzen im Arm, ______________ hat sie gewonnen.

3. Das Wetter war schrecklich, ______________ ist Silvia zwei Stunden gelaufen.

4. Herr Weißegger trainiert viel, ______________ hat er große Muskeln.

5. Es liegt nur wenig Schnee, ______________ fahren die Touristen Ski.

6. Faustino hat nicht aufgepasst, ______________ hat er jetzt ein blaues Auge.

6 Ein Kommentar für die Fanseite von Nena. Schreiben Sie Sätze. (→ 6)

1. Es ist großartig, ______________________________.
   dass / dich / live / sehen / ich / nächste Woche / .
2. Ich habe nicht viel Geld, ______________________________.
   ich / in Köln / trotzdem / auf dein Konzert / gehen / .
3. Ich finde deine Lieder super, ______________________________.
   weil / du / die Probleme / von den Menschen / verstehen / .
4. Du verdienst viel Geld, ______________________________.
   aber / du / dich / benehmen / wie / ein normaler Mensch / .

7 Welche Aussagen passen zusammen? Ordnen Sie zu. (→ 8)

1. ___ Ich habe eine Idee: Wir können doch morgen Abend ins Kino gehen.
2. ___ Darf ich etwas vorschlagen? Wir können Pizza essen gehen.
3. ___ Was hältst du von einem gemütlichen DVD-Abend bei mir, heute oder morgen?
4. ___ Was denkst du, sollen wir heute Abend zum Sport gehen?
5. ___ Du möchtest heute ausgehen? Okay, dann schlag doch was vor.
6. ___ Ich gehe morgen Vormittag schwimmen. Willst du mitkommen?

A Heute geht es leider nicht, aber morgen kann ich. Soll ich einen Film mitbringen?
B Nein, ich habe keine Lust. Ich bin so müde und ich war erst gestern im Fitness-Studio.
C Ich ruf' ein paar Leute an und wir machen einen Kneipenabend. Einverstanden?
D Ja, das ist eine gute Idee. Welche Filme gibt es denn?
E Da hab' ich leider keine Zeit. Ich muss morgen den ganzen Tag arbeiten.
F Wollen wir nicht lieber selbst kochen? Ich habe eingekauft.

8 Kommst du mit? Ergänzen Sie das Gespräch. (→ 8)

◆ Du, ich habe einen Vor_ _ _ _ _ _ _ (1)! Wir gehen in den Hochseilgarten. Das m_ _ _ _ (2) total viel Spaß. Geht es bei d_ _ (3) am Samstag?
◆ Nein, da habe ich l_ _ _ _ _ _ (4) keine Zeit.
◆ Und am Sonntag? Komm, das w_ _ _ (5) lustig!
◆ Ach, ich w_ _ _ (6) nicht. Und schon an diesem Sonntag? Das können wir doch irgendwann sp_ _ _ _ (7) mal machen. Wollen wir nicht l_ _ _ _ _ _ (8) ins Kino gehen?
◆ Wenn du so _ _ _ _ _ _ _ machst (9), kommst du nie zum Sport! Ich habe eine I_ _ _ (10): Wir g_ _ _ _ (11) in den Hochseilgarten und da_ _ _ _ (12) ins Kino.
◆ Okay, das m_ _ _ _ _ (13) wir. Bist du si_ _ _ _ (14), dass ich da nicht viel Kondition br_ _ _ _ _ (15)? Sollen wir nicht lieber im Park sp_ _ _ _ _ _ _ (16) gehen?
◆ Also, so schlimm k_ _ _ (17) es im Hochseilgarten nicht sein, das ist ja auch für Kinder. W_ _ _ _ _ (18) wir jetzt am Sonntag hingehen o_ _ _ (19) nicht?
◆ Ja, einv_ _ _ _ _ _ _ _ _ _ (20).

9 Im Sprachkurs. Ergänzen Sie die Sätze. Achten Sie auf die Position im Satz. (→ 10–11)

1. Heute hat die Lehrerin *ihren Schülern ein Spiel* mitgebracht. — ihren Schülern / ein Spiel
2. Sie erklärt ________________. — die Regeln / ihnen
3. Sie gibt ________________. — einen Würfel / jeder Gruppe
4. Eine Schülerin leiht ________________. — der Lehrerin / ihre Uhr
5. Die Lehrerin schenkt ________________. — einen Kuchen / den Gewinnern

10 Ersetzen Sie die markierten Substantive durch Pronomen. Achten Sie auf die Position. (→ 10–11)

1. Die Lehrerin hat ihren Schülern ein Spiel mitgebracht. Die Lehrerin erklärt *es ihnen.*
2. Sandra zeigt ihrer Freundin eine DVD. Sandra leiht ________________.
3. Mirko empfiehlt seinem Freund ein Restaurant. Er zeigt ________________ auf dem Weg zur Arbeit.
4. „Ich hab' dir einen Link geschickt. Ich kann ________________ wirklich empfehlen."
5. „Kannst du mir einen Stift geben?" – „Klar, ich schenke ________________."
6. „Können Sie dem Hund Wasser geben?" – „Ja, ich bringe ________________ sofort!"

11 Ein Bericht vom Geocaching. Ergänzen Sie die Verben in der richtigen Form. (→ 12)

finden • gehen • hineinlegen • ~~holen~~ • klettern • kommen • lösen • notieren • sein • verstecken • verstecken • zurückkommen

Hey Leute!

Diese Wanderung heute war echt cool! Und gar nicht so einfach!!!

Wir haben die Daten vom Geocache aus dem Internet *geholt* (1). Zuerst sind wir durch einen Wald ________________ (2) und dann zu einem Haus ________________ (3). Dort haben wir unter einem Baum eine Dose ________________ (4), aber das war noch nicht der Geocache! Wir mussten erst ein Rätsel ________________ (5). Die Lösung waren neue Informationen über das Versteck.

Dann ist der Weg schwierig geworden, wir mussten über große Steine ________________ (6). Unter einem Stein ________________ (7) eine kleine Höhle. Dort hat jemand den Schatz ________________ (8). Wir haben einen Stift herausgenommen und eine schöne Karte in die Dose ________________ (9).

Dann habe ich unseren Besuch im Logbuch ________________ (10) und die Dose wieder ________________ (11). Nach zwei Stunden Wanderung sind wir wieder zu unserem Auto ________________ (12).

Nächstes Mal müsst ihr unbedingt mitkommen!

Bis bald :-)

Ronny

12 Geocaching. Wie heißen die Wörter? Schreiben Sie mit Artikel und Plural. (→ 12)

1. B__ __M	*der Baum, Bäume*	6. SCH__TZ	________
2. W__LD	________	7. V__RST__CK	________
3. N__T__R	________	8. D__S__	________
4. PFL__NZ__	________	9. L__CH	________
5. G__L__ND__	________	10. H__HL__	________

13 Sehenswürdigkeiten. Welches Wort passt nicht? Streichen Sie durch. (→ 13)

1. besichtigen – verstecken – ansehen – entdecken
2. der See – der Bahnhof – der Berg – der Fluss
3. der Spaziergang – die Übernachtung – die Wanderung – die Führung
4. der Bahnhof – der Flughafen – das Ticket – die Haltestelle

Wortbildung – Die Präfixe *heraus-* und *hinein-*

14 *Herausnehmen* oder *hineinlegen*? Was passt? Kreuzen Sie an.

1. Wenn man einen Cache findet, darf man etwas aus der Dose herausnehmen ☒ hineinlegen ☐ und dafür etwas anderes herausnehmen ☐ hineinlegen ☐.

2. Im Kochbuch steht, dass wir das Fleisch jetzt aus der Pfanne herausnehmen ☐ hineinlegen ☐ sollen.

3. Das Gras in eurem Garten sieht so schön aus! Da möchte man sich sofort herausnehmen ☐ hineinlegen ☐!

4. Du kannst das kaputte Fahrrad in mein Auto herausnehmen ☐ hineinlegen ☐. Ich fahre dich nach Hause.

5. Das kann doch nicht wahr sein! Ich habe meine Fahrkarte nicht dabei. Normalerweise ist sie immer in meiner Tasche, aber gestern habe ich sie herausgenommen ☐ hineingelegt ☐.

6. Kann ich die Jazz-CD mal herausnehmen ☐ hineinlegen ☐? Ich möchte lieber Rockmusik hören.

9 Zusammen leben

1 Gebäude und Wohnformen. Schreiben Sie die Wörter mit Artikel und Plural. (→ 1)

~~A~~ • ALT • BAU • BAU • BOOT • EN • ERN • FE • HAUS • HAUS • HAUS • HEN • HOCH • HOF • LOFT • ~~MENT~~ • NUNG • NUNG • ~~PART~~ • REI • RI • WOH • WOH

das Apartment, Apartments ____________ ____________

____________ ____________ ____________

____________ ____________ ____________

2 Im Haus. Ergänzen Sie die Wörter. Wie heißt das Lösungswort? (→ 1)

1. Die Fahrräder und unser Auto stehen in der …
2. Früher hatte ich Angst, wenn ich allein in den … gehen musste.
3. Ich wohne im Hochhaus und habe keine Terrasse, aber einen großen …
4. Wir wohnen im Erdgeschoss und haben vor dem Haus einen kleinen …
5. Unser Aufzug kaputt und ich muss die … in den 5. Stock nehmen.
6. Wenn wir in die Wohnung kommen, ziehen wir die Schuhe im … aus.
7. Pia hat ihr Zimmer ganz oben im Haus, unter dem …
8. Vor dem … von unserem Haus darf man keine Fahrräder abstellen.

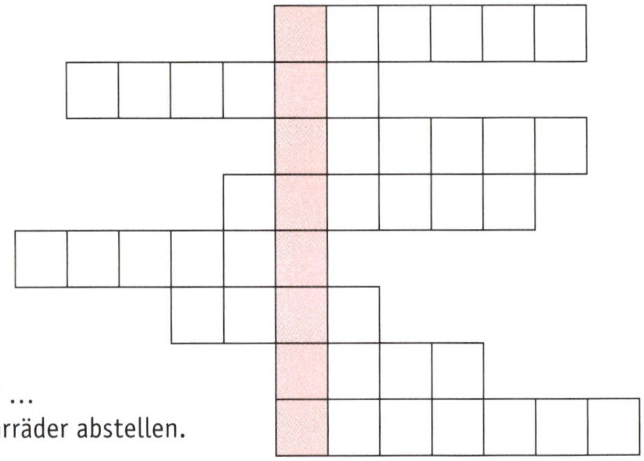

Balkon • Dach • Flur • Garage • Garten • Keller • Treppe • Eingang

Das Lösungswort heißt ____________.

3 So wohnen wir. Ergänzen Sie die Berichte. (→ 2)

Cordula Hansson fi*n d e t* (1) ihr Hausboot einfach gem_ _ _ _ _ _ (2). Die Räume sind nicht ho_ _ (3) und auch nicht besonders gr_ _ (4), aber alle haben ein eigenes Zi_ _ _ _ (5). Und für unsere Freunde ha_ _ _ (6) wir auch ein G_ _ _ _ zimmer (7). „Unsere Gäste finden das oft ein bisschen ko_ _ _ _ _ (8), wenn sie bei uns im Hausboot schl_ _ _ _ (9) und das ganze Zimmer im_ _ _ (10) ein bisschen schaukelt", erz_ _ _ _ (11) Frau Hansson.

Alois Kraxner lebt mit seiner Fa_ _ _ _ _ (12) auf einem alten Bau_ _ _ _ _ _ (13), weit weg vom Do_ _ (14) und von der nächsten St_ _ _ (15). „Viele Leute denken, dass das L_ _ _ _ (16) hier langweilig ist", sagt Herr Kraxner. „A_ _ _ (17) ich habe den ganzen Tag Ar_ _ _ _ (18), da wird mir nicht la_ _ _ _ _ _ _ _ (19)." Die Nachbarn sind wi_ _ _ _ _ (20), wenn man so weit w_ _ (21) vom Dorf lebt. Jeder hilft dem anderen, wenn er H_ _ _ _ (22) braucht."

4 Probleme mit den Nachbarn. Ergänzen Sie die Verben in der richtigen Form. (→ 3–4)

~~bellen~~ • bleiben • feiern • lassen • putzen • stinken • stören

1. Ich konnte nicht schlafen, weil Ihr Hund in der Nacht laut *gebellt* hat!
2. Sie können doch nicht die ganze Nacht so laut ____________. Das geht nicht!
3. Entschuldigung, können Sie bitte die Sachen vor Ihrer Tür aufräumen? Der Gang muss frei ____________!
4. Es geht nicht, dass Sie immer auf dem Balkon grillen. Der Rauch ____________ uns sehr!
5. Ich finde es nicht gut, wenn Sie die Haustür immer offen ____________. Das ist verboten!
6. Sie können doch nicht den Müll im Treppenhaus stehen lassen. Das ____________!
7. Seit vier Wochen ist die Treppe schmutzig. Das geht nicht! Sie müssen sie ____________.

5 So geht das nicht! Wählen Sie Ausdrücke und beschweren Sie sich. Schreiben Sie zu jeder Situation drei Sätze. Der Kasten hilft. (→ 3–4)

A

Es stört mich, wenn … • Sie können / Ihr könnt doch nicht … • Das geht wirklich nicht. • … schon wieder … • Entschuldigung, …

so laut sein • der Eingang (nicht) frei sein • Fahrrad abstellen • aufräumen • direkt vor der Haustür • mir (nicht) zuhören • den Müll wegbringen

B

A *Sie können doch nicht die Fahrräder …*

____

____

____

B *Es stört mich, wenn ihr …*

____

____

____

6 Sich entschuldigen und einlenken. Was kann man wann sagen? Sortieren Sie die Ausdrücke. (→ 3–4)

Das habe ich nicht gewusst.

Das ist schon in Ordnung!

Das kommt nicht mehr vor.

Das wollten wir nicht.

Vergessen wir das.

Ist ja schon gut.

Na gut, ist nicht so schlimm.

Es tut mir schrecklich leid.

Na, wenn das so ist, …

Ich möchte mich entschuldigen.

7 Lösen Sie das Rätsel. Wie heißt das Lösungswort? (→ 4)

1. Die Schuhe sind nach dem Wandern oft …
2. Wenn es regnet, ist im Treppenhaus alles …
3. Wir müssen die Treppe nicht …, das macht der Hausmeister.
4. Überall dieser Rauch vom Grill! Es riecht schrecklich, es …
5. In Deutschland muss man den … trennen.
6. Wenn die … leer ist, kann man sie im Geschäft zurückgeben.
7. Zeitungen, Bücher und Prospekte sind aus
8. Wenn ich im Supermarkt einkaufe, nehme ich eine Tüte aus …
9. Den Müll wirft man in die …
10. Mit dem Holz machen wir ein … und grillen Würstchen.
11. Wenn es ein Feuer gibt, kommt die …

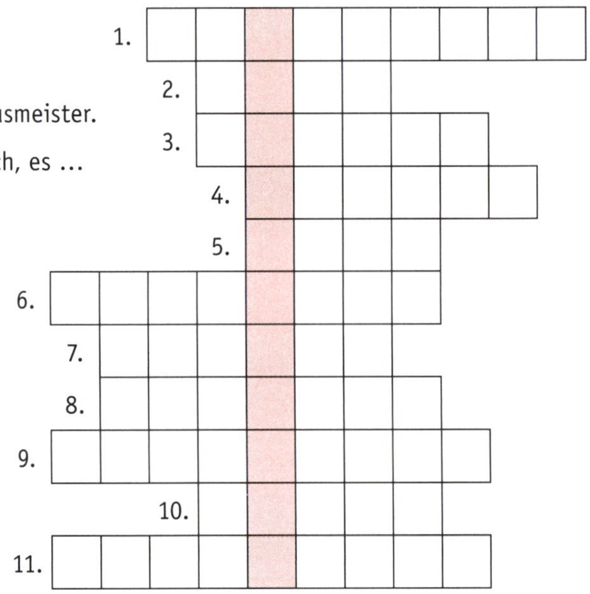

Das Lösungswort heißt ______________________________.

8 Höflich um etwas bitten. Schreiben Sie Fragen mit *könnte*. (→ 5–6)

1. mir / Ihr Werkzeug / leihen / kurz / Sie / ? *Könnten Sie mir kurz* ______________________
2. du / meine Fische / morgen / füttern / ? ______________________
3. ihr / bitte / etwas leiser / sein / ? ______________________
4. einen Kaffee / machen / du / mir / ? ______________________
5. Frau Raich / zu mir / Sie / schicken / ? ______________________
6. mir / einen Moment / helfen / ihr / bitte / ? ______________________

9 Mein Umzug von Hamburg nach Salzburg Die Verben stehen im falschen Satz. Korrigieren Sie. (→ 7)

1. Zuerst habe ich in Hamburg alle Sachen ~~verabschiedet~~. *gepackt* ______________
2. Dann habe ich den Umzugswagen eingezogen. ______________
3. Ich habe mich dann auch noch auf dem Amt in Hamburg bestellt. ______________
4. Am letzten Tag habe ich die Freunde eingeladen und mich gepackt. ______________
5. Dann bin ich in der neuen Wohnung angemeldet. ______________
6. In Salzburg habe ich mich dann auf dem Meldeamt abgemeldet. ______________

10 Wie heißen die Wörter? Schreiben Sie bei Substantiven auch den Artikel und den Plural. (→ 7)

R__N__V__ __R__N	*renovieren*	__ __FZ__G	
M__BL__ __RT		STR__M	
V__RM__ __T__N		M__ __T__	

11 Wohnungstausch. Welche Erfahrungen hat Familie Beck gemacht? Ordnen Sie zu jedem Absatz die zweite Hälfte rechts zu. (→ 7)

1. _C_ Familie Weck aus Freiburg wollte dieses Jahr nach Spanien fahren, nach Sevilla.
2. ___ Für Familie Weck war es nicht schwer, Tauschpartner für die Wohnung zu finden.
3. ___ Die Wohnung in Sevilla war toll: wunderschön, mitten in der Altstadt, im dritten Stock, und da war auch ein alter Aufzug.
4. ___ Die spanische Familie, die in Freiburg gewohnt hat, hat gut aufgepasst. Und nicht nur auf die Wohnung.
5. ___ An eine Sache hatte Frau Beck vor dem Wohnungstausch nicht gedacht: Man hat vor dem Urlaub viel Arbeit.
6. ___ Und ein paar private Sachen hat Frau Beck aus der Wohnung gebracht.
7. ___ Die Wohnung in Sevilla mussten alle zusammen am Ende vom Urlaub natürlich auch putzen.
8. ___ „Wir hatten großes Glück mit unserer ‚Tausch-Familie'. Da kann man bestimmt auch mal Pech haben", sagt Frau Beck.

A „Ich glaube, wenn die Leute nicht nett sind, dann will man sie auch nicht so gern in die eigene Wohnung lassen."

B „Sie haben unsere Katze auch sehr gut versorgt, der ging es richtig gut mit der Familie", ist Frau Beck sicher.

C Aber das schöne Hotel, das sie im Internet gefunden haben, war für eine Familie mit zwei Kindern einfach zu teuer. Also haben sie in den Ferien einen Wohnungstausch gemacht.

D Das ist schon ein Nachteil. Im Hotel muss man das alles nicht machen.

E Denn Freiburg ist für viele Touristen attraktiv. In anderen Städten ist es schwieriger.

F Sie hat sie zu ihren Eltern gebracht.

G Die Wohnung war so richtig spanisch möbliert. Und die Unterkunft hat fast nichts gekostet, nur eine kleine Gebühr für die Agentur.

H Sie musste ihre Wohnung sauber putzen und alles aufräumen, und ihr Mann und die beiden Kinder mussten mithelfen.

12 Erfahrung sammeln. Ergänzen Sie *wenn* oder *als*. (→ 8)

1. Peter hatte große Probleme, ______________ er die Schule besucht hat.
2. Er war immer sehr nervös, ______________ er eine Prüfung hatte.
3. ______________ er mit der Schule fertig war, wurde er Koch in einem Hotel.
4. ______________ die Gäste zufrieden waren, hatte er am meisten Spaß bei seiner Arbeit.
5. ______________ er Gabriella kennengelernt hat, wollte er in Italien arbeiten.
6. Immer ______________ er seine Eltern zu Hause besucht hat, musste er italienisch kochen.
7. Einige Jahre später, ______________ sie zwei Kinder hatten, sind sie nach Berlin gezogen.

13 Haustiere. Was denken Sie? (→ 12)

Dieses Tier finde ich am schönsten: ______________________

Vor diesem Tier habe ich Angst: ______________________

Dieses Haustier wollte ich haben, als ich ein Kind war:

____

Das ist für mich heute das ideale Haustier: ______________________

Warum dieses Tier? ______________________

14 Haustiere in Deutschland. Schreiben Sie die Sätze. (→ 12)

1. Ilhan findet es interessant, *dass manche Leute* ______
   dass / eine Ratte / manche Leute / haben / .
2. Nora hat überrascht, ______
   wie viel Geld / die Deutschen / für Haustiere / ausgeben / .
3. Mehmet hat schon gehört, ______
   dass / sogar Schweine / als Haustiere / es / geben / .
4. Pilar hat nicht gewusst, ______
   dass / bei Stress / helfen / Haustiere / .
5. Für Mira ist nicht neu, ______
   dass / mehr Frauen / Haustiere / als Männer / haben / .

15 Eine Tiergeschichte. Was ist richtig? Kreuzen Sie an. (→ 14)

1. Eine Ente wollte mit ihren Küken zum Fluss ☐ über den Fluss ☐ gehen.
2. Auf dem Weg musste sie eine Straße ☐ einen Park ☐ überqueren.
3. Eine Polizistin hat die Ente mit ihren Jungen gefunden ☐ gesehen ☐.
4. Sie hat die Autos gestoppt und der Ente ☐ den Fahrern ☐ ist nichts passiert.
5. Ein Kollege hat Fotos gemacht und diese Fotos an eine Zeitung geholt ☐ geschickt ☐.
6. Jetzt ist die Geschichte überall bequem ☐ bekannt ☐.

Wortbildung – Wörter in Wortfamilien gliedern und lernen

16 a Welche Wörter gehören zusammen? Ordnen und notieren Sie. Schreiben Sie die Substantive mit Artikel.

Angebot hilfsbereit Helfer verstecken ordnen helfen Getränk ~~Student~~ versteckt anbieten trinken Ordnung überrascht überraschen ~~studieren~~ Hilfe ordentlich Versteck ~~Studium~~ Überraschung

Verb	Substantiv	Adjektiv
studieren	*das Studium, der Student*	–

b Kennen Sie andere Wörter aus dieser Wortfamilie? Ergänzen Sie.

sprechen: ______
vermieten: ______
ärgerlich: ______
arbeitslos: ______
das Unglück: ______
(sich) interessieren: ______

Gute Unterhaltung!

1

Superlative in Kunst und Kultur. Welches Adjektiv passt? Ergänzen Sie in der richtigen Form. (→ 1)

bekannt • erfolgreich • ~~gut~~ • lang • teuer • viel • wenig

1. Es gibt viele erfolgreiche Romane von deutschen Autoren, aber „Das Parfum" von Patrick Süskind hat sich _am besten_ verkauft. Über die anderen Autoren weiß man oft sehr viel, aber über Patrick Süskind weiß man ____________________. Er gibt keine Interviews.
2. Filme wie „Das Parfüm" von dem Regisseur Tom Tykwer waren teuer. Aber „Cloud Atlas" hat über 100 Millionen Euro gekostet und war ____________________.
3. Die Oper „Ring des Nibelungen" dauert 16 Stunden – sie ist also von allen Opern ____________________. Man braucht im Orchester und im Chor auch ____________________ Musiker und Sänger – über 100!
4. Viele kennen Schloss Sanssouci in Potsdam oder das Heidelberger Schloss, aber Schloss Neuschwanstein in Bayern ist in der Welt ____________________.
5. Herbert Grönemeyer hat von seinem Album „Mensch" 3,7 Millionen Stück verkauft. Dieses Album war ____________________.

2

Lesen und ergänzen Sie. (→ 1)

In Schloss Neuschwanstein war ich le_ _ _ _ _ (1) Jahr. Das war t_ _ _ (2)! Ich habe eine interessante Fü_ _ _ _ _ (3) mitgemacht und habe v_ _ _ (4) gesehen. Aber es waren so viele L_ _ _ _ (5) dort, es war einf_ _ _ (6) viel zu voll. Das war str_ _ _ _ _ (7) und unangenehm. Man konnte fast keine F_ _ _ _ (8) machen.

Ein Freund hat m_ _ (9) die CD „Mensch" von dem Sänger Herbert Grönemeyer geschenkt. Zu_ _ _ _ (10) habe ich die Musik nicht so g_ _ (11) gefunden. Ich habe auch nicht i_ _ _ _ (12) verstanden, was er si_ _ _ (13). Aber wenn ich die Te_ _ _ (14) mitlese, dann gef_ _ _ _ _ (15) sie mir sehr.

Hast du das B_ _ _ (16) „Das Parfum" gelesen? Das ist einfach s_ _ _ _ (17)! Das musst du m_ _ (18) lesen. Ich kann es dir gern lei_ _ _ (19). Patrick Süskind ist ein toller A_ _ _ _ (20). Aber man weiß fa_ _ (21) nichts über ihn.

3

Wie ist Ihre Meinung? Ergänzen Sie. Sie können auch mehrere Beispiele nennen. (→ 2)

Welcher Film gefällt Ihnen überhaupt nicht? ____________________

Welches Buch fanden Sie total langweilig? ____________________

Welche Musik finden Sie am schrecklichsten? ____________________

Welches berühmte Gebäude finden Sie hässlich? Wo steht es?

____

4 Interviews. Ergänzen Sie *Was für ein/eine* oder *Welch-* in der richtigen Form. (→ 3b)

1. Was für *Konzerte besuchen Sie am liebsten?* – *Konzerte von deutschen Bands.*
2. ________ *Musik hören Sie gerade?* – *Das neue Album von „Luxuslärm".*
3. ________ *Bücher lesen Sie gern?* – *Am liebsten spannende Romane.*
4. ________ *Autor finden Sie im Moment am besten?* – *Christoph Ransmayr.*
5. *Wie war das noch mal? Bei* ________ *Film bist du letzte Woche aus dem Kino rausgegangen?* – *Ach, ich habe den Titel schon wieder vergessen.*
6. ________ *Film war das?* – *Ein Actionfilm. Total blöd!*

5 Ein Konzert besuchen. Welche Wörter fehlen? Ergänzen Sie. (→ 4)

Am nächsten Samstag ist das Konzert (1) von meiner Lieblingsband „Luxuslärm". Ich habe im Internet zwei ________ (2) für meinen Freund und mich bestellt. Eigentlich wollte ich Stehplätze direkt vor der ________ (3) kaufen, weil wir die ________ (4) gut sehen möchten. Aber ich habe nur noch zwei ________ (5) ganz hinten oben bekommen, leider. Ich habe die Karten mit meiner ________ (6) bezahlt.

Band • Bühne • Karten • ~~Konzert~~ • Kreditkarte • Plätze

6 Konzertkarten kaufen. Was sagt man? Markieren Sie. Ergänzen Sie dann die Tabelle. (→ 4)

HOLLERIDUDÖDLDIGIBTESNOCHKARTENFÜRDASKONZERTHLADUDIMÖCHTENSIESITZPLÄTZEODER
STEHBPLÄTZEDIRIDIRIDUDLDÖWASFÜRKARTENGIBTESDÖDUDLDÖWIEVIELKOSTENDIEKARTENHOLLA
RIDIESTEHPLÄTZEKOSTEN24EUROHOLLAROKANNICHMITKREDITKARTEBEZAHLENHOLDUDILADILO
ZAHLENSIEBARODERPERÜBERWEISUNGTJOTJOIRINEINDASKONZERTISTLEIDERAUSVERKAUFTODA

Das sagt der Käufer:	Das sagt der Verkäufer:

7 Lösen Sie das Rätsel. Wie heißt das Lösungswort? (→ 4)

1. Sie müssen nicht den vollen Preis bezahlen, wenn Sie einen … bekommen.
2. Das Geschäft nimmt keine Kreditkarten. Man muss … bezahlen.
3. Bitte geben Sie mir Ihre Kontonummer, dann kann ich das Geld …
4. Ich habe bei der Deutschen Bank ein …, hier ist die Nummer.
5. Bitte bezahlen Sie gleich da vorne an der …
6. Der Betrag enthält 7 … Mehrwertsteuer.
7. Tut mir leid, ohne … können Sie die Ware nicht umtauschen.
8. Im Internet bezahlt man meistens mit …
9. Ist das der Preis mit Mehrwertsteuer? – Nein, das ist …

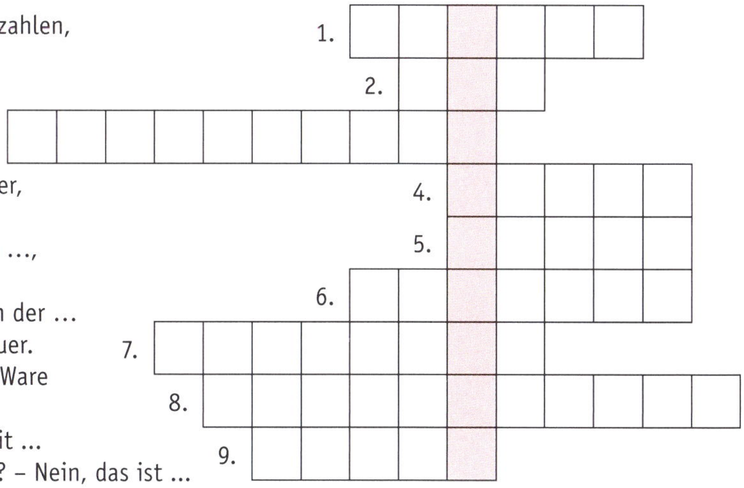

Das Lösungswort heißt ____________________.

8 Beim Konzert. Was ist richtig: *man, jemand* oder *niemand*? Kreuzen Sie an. (→ 5)

1. Wo kann [a] man [b] jemand [c] niemand hier Taschen und Mäntel abgeben?
2. Wo ist meine Tasche? Hat [a] man [b] jemand [c] niemand meine Tasche gesehen?
3. Hörst du dein Handy nicht? [a] Man [b] Jemand [c] Niemand ruft dich an.
4. Ich gehe nach oben. Hier unten kann [a] man [b] jemand [c] niemand gar nichts sehen.
5. Ich war allein im Konzert. [a] Man [b] Jemand [c] Niemand wollte mitkommen.
6. Am Eingang waren alle so ungeduldig. [a] Man [b] Jemand [c] Niemand hatte Zeit!
7. Die Kontrollen waren sehr genau, [a] man [b] jemand [c] niemand musste lange warten.
8. Ich habe kein Auto. Kann mich bitte [a] man [b] jemand [c] niemand mitnehmen?

9 *Alles, etwas* oder *nichts*? Verbinden Sie. (→ 5)

1. Schau mal, ich habe dir vom Festival …
2. Alisa ist Fan von Tom Waits, sie hat …
3. Hast du …
4. Ich habe mich total geärgert, ich habe …
5. Das Konzert war einfach super, …
6. André mag Grönemeyer nicht, er hört …
7. Was haben sie gesagt? Hast du …

alles
etwas
nichts

… mitgebracht. Ein T-Shirt!
… von ihm gekauft und hört es sehr oft.
… gesagt? Es ist so laut hier.
… gesehen. Die Plätze waren schlecht.
… war bestens! Es hat echt Spaß gemacht!
… von ihm an. Nie!
… verstanden? Ich habe nur „verboten" gehört. Aber was ist verboten?

10 Was ist passiert? Ergänzen Sie *der, das* oder *die*. (→ 8–9)

1. Peter Veit war die ganze Nacht bei seiner Tochter, *die* sehr krank war.
2. Die Radiohörer mussten am Morgen auf die Nachrichten warten, __________ normalerweise immer pünktlich um 7 Uhr beginnen
3. Barbara Schöneberger findet das Programm, __________ im Fernsehen läuft, nicht gut.
4. Sie lädt am Abend lieber Freunde ein, __________ sie gern in ihrer Wohnung besuchen.
5. Monika Gruber war Gast in einer Fernsehshow, __________ viele Zuschauer hat.
6. Sie konnte ihr neues Programm, __________ sie zeigen wollte, noch nicht auswendig.
7. Sönke Wortmann hat die Karten für ein Fußballspiel, __________ er gerne sehen wollte, einem Freund geschenkt.
8. Er hat an diesem Tag, __________ auch sein Hochzeitstag war, lieber mit seiner Frau gefeiert.

11 Quizfragen. Schreiben Sie Relativsätze. (→ 10)

1. Wie heißt der Schauspieler, *der im Film „Cloud Atlas" sechs Rollen spielt?*
   (Er spielt im Film „Cloud Atlas" sechs Rollen.)
2. Wie heißt die Autorin, ______________________________
   (Sie hat die „Harry Potter"-Romane geschrieben.)
3. Wer ist der Sportler, ______________________________
   (Er läuft die 100 Meter am schnellsten.)
4. Wie heißen die Brüder, ______________________________
   (Sie haben viele Film-Komödien gedreht.)
5. Wer ist die Sängerin, ______________________________
   (Sie hat das Album „Back to Black" gemacht.)
6. Wie heißen die beiden Schwestern, ______________________________
   (Sie sind im Tennis sehr erfolgreich.)

12 Gemalte Bilder. Welches Adjektiv passt? Kreuzen Sie an. (→ 12)

1. Auf dem Bild gibt es alle Farben, es ist sehr
   exakt ☐ bunt ☐ langweilig ☐.
2. Das sollen zwei Tiere sein? Sie sind
   aber nicht realistisch ☐ modern ☐ direkt ☐ gemalt.
3. Die Malerin hat viele neue Ideen. Sie malt
   sehr natürliche ☐ bunte ☐ originelle ☐ Bilder.
4. Man kann keine Dinge erkennen, das Bild
   ist abstrakt ☐ realistisch ☐ bunt ☐ gemalt.
5. Die Malerin macht Bilder, die man noch nie
   gesehen hat. Sie ist genau ☐ kreativ ☐ bunt ☐.

13 Ein Foto beschreiben. Wo ist das? Ergänzen Sie. (→ 13)

1. Im *Hintergrund* gibt es einen Wald.
2. In der linken __________ sieht man die Sonne.
3. In der __________ sitzen zwei Mädchen auf einer Mauer.
4. __________ ihnen ist __________ ein Baum und __________ ist auch ein Baum.
5. Dahinter liegt ein großer See. Rechts ______ der Mitte sind zwei Schiffe.
6. __________ rechts steht ein Haus.
7. Im __________ sieht man einen großen Stein.
8. __________ links in der __________ steht ein Fahrrad.

Ecke • Ecke • hinter • ~~Hintergrund~~ • links • Mitte • oben • rechts • unten • von • Vordergrund

Wortbildung – Adjektive

14 a Adjektiv + Adjektiv. Notieren Sie die die beiden Wörter.

1. Das Wetter war schön, der Himmel hellblau. *hell* + __________
2. Um den See war dichter Wald, alles war dunkelgrün. __________ + __________
3. Aber das Wasser hatte eine andere Farbe: blaugrün. __________ + __________
4. Die Farben von dem Boot sind schön: rotbraun. __________ + __________

b Wie kann man das sagen? Bilden Sie ein Adjektiv.

1. Am Abend war die Sonne (dunkel + rot) *dunkelrot*.
2. Nach dem Urlaub in Mexiko war meine Haut __________ (dunkel + braun).

> Man kann Adjektive (besonders Farben) zusammensetzen: **gelbgrün**
> **blaugraue** Augen

3. Huskys sind ganz besondere Hunde. Ihre Augen sind __________ (hell + blau).
4. O je, Marlies hat einen Sonnenbrand. Ihr Gesicht ist ganz __________ (dunkel + rot).
5. Auf diesem Foto hat Maria noch (hell + blond) __________ Haare.
6. Die blonden Haare passen toll zu deinen __________ (blau + grau) Augen.
7. Wo ist der Fahrradschlüssel? – In der __________ (gelb + grün) Tasche.
8. Das ist ein ganz altes Foto. Es sieht so __________ (grau + braun) aus.

11 Wie die Zeit vergeht!

1 Eine Lebensgeschichte. Ordnen Sie den Text. (→ 1)

_____ Mit 16 Jahren hat er die Abschlussprüfung gemacht und dann eine Ausbildung bei einer Versicherung begonnen. Nach der Ausbildung hat er dort gearbeitet.

_____ Am Wochenende ist er gern auf Partys gegangen, die damals Feten geheißen haben. Dort hat er mit 22 Jahren auch seine Frau kennengelernt. Bald darauf haben die beiden geheiratet. Ein paar Jahre später haben sie zum ersten Mal eine große Reise durch die USA gemacht.

_____ Herr Wagner ist jetzt seit sieben Jahren pensioniert. Als Rentner hat er viel Zeit. Er nützt sie vor allem für Sport. Er möchte noch lange gesund bleiben.

_____ Als Rudi Schüler war, musste er nicht viele Hausaufgaben machen. Aber er musste oft seiner Mutter in ihrem kleinen Kiosk helfen. Trotzdem hatte er eine schöne Zeit.

__1__ Rudi Wagner sitzt im Garten, zusammen mit seiner Frau. Er erzählt seiner Enkelin, was er in seinem Leben gemacht hat.

_____ Das Ehepaar Wagner hat bald nach dieser Reise zwei Kinder bekommen. Rudi war selten zu Hause. Er hat viel gearbeitet. Aber am Wochenende hat er mit der Familie Ausflüge gemacht.

_____ Zehn Jahre später war Herr Wagner beruflich in ganz Deutschland unterwegs. Er war oft die ganze Woche nicht zu Hause. Sein Sohn war inzwischen ein Teenager und wollte nicht mehr mitfahren, wenn die Familie am Wochenende Ausflüge gemacht hat.

2 Was hat Irene Berger gemacht? Ergänzen Sie die Verben in der richtigen Form. (→ 1)

bauen • bekommen • (sich) engagieren • genießen • gründen • kennenlernen • (sich) kümmern • machen • ~~verbringen~~ • werden

1. Die Schulzeit war schön. Damals konnte Irene viel Zeit mit ihren Freundinnen __verbringen__.
2. Irene Berger hat nach der Schule studiert und ist Apothekerin _____________.
3. Auf einer Reise hat Frau Berger ihren späteren Mann _____________.
4. Sie hat vier Jahre in einer Apotheke gearbeitet und sich dann selbstständig _____________.
5. In dieser Zeit haben sie und ihr Mann auch eine Familie _____________ und sie hat drei Töchter _____________.
6. Frau Berger hat sich um die Familie und ihre Apotheke _____________.
7. Sie hat sich beruflich sehr _____________. Später hat sie sich von ihrem Mann getrennt.
8. Ein paar Jahre vor ihrer Rente hat Frau Berger ein neues Haus _____________.
9. Jetzt ist sie seit einem Jahr Rentnerin und _____________ ihr Leben.

3 Ergänzen Sie die Wörter. Wie heißt das Lösungswort? (→ 1)

1. Alex war in der Kneipe und hat viel Alkohol getrunken. Jetzt ist er …
2. Er weiß, dass man nicht betrunken Auto fahren darf. Das ist … . Aber er fährt trotzdem.
3. Das ist sehr …, für ihn selbst und für andere, denn so passiert schnell ein Unfall.
4. Alex ist gegen einen Baum gefahren. Er ist verletzt und der … muss kommen.
5. Alex ist am Kopf … und das Auto ist kaputt.
6. Die Wunde am Kopf … stark und tut sehr weh.

Das Lösungswort heißt ______________________.

4 So ein Glück! Was erzählt Diana am Telefon? Schreiben Sie die Sätze richtig. (→ 1)

WEISSTDUWOICHBININ
DERPRAXISVONDOKTO
RDETTMERICHHATTEEI
NEUNTERSUCHUNGUND
ESSTIMMTICHBINSCHW
ANGERWIRBEKOMMEN
EINBABYICHBINJASO
GLÜCKLICHISTDASNICT
HTWUNDERBAR

? ? : , . . ! !

5 Welche Wünsche hat Frau Geiger? Schreiben Sie. (→ 3–4)

1. Frau Geiger arbeitet sehr viel. — *Sie würde sich gern ein paar Tage ausruhen.*
   sie / sich ausruhen / ein paar Tage / gern / .
2. Sie muss jetzt noch viel erledigen. — ______________________
   aber / lieber / sie / eine lange Mittagspause / machen / .
3. Frau Geiger hat am Abend noch einen Termin. — ______________________
   gern / mit den Kolleginnen / sie / früh nach Hause gehen / .
4. Erst in drei Monaten hat sie länger frei. — ______________________
   gern / sie / schon jetzt / eine Woche / Urlaub / haben / .
5. Nach der Arbeit ist sie sehr müde. — ______________________
   sie / gern / öfter / mit ihren Freunden / etwas / machen / .
6. Frau Geiger ist jetzt einen Monat in der neuen Firma. — ______________________
   sie / lieber / wieder / in der alten Firma / sein / .

6 Gute Ratschläge. Was sollten die Personen machen? Suchen Sie die passende Möglichkeit und schreiben Sie dann Ratschläge. (→ 5–6)

1. Frau Kovacic steht auf dem Weg zur Arbeit immer im Stau.
2. Am Abend klingelt immer das Telefon.
3. Der Kollege will immer reden.
4. Ich habe keine Zeit für meine Hobbys.
5. Paul und Eckhart sind bei der Arbeit oft müde.
6. Ihr Chef gibt ihr am Abend neue Aufträge.

aufstehen und die Fenster öffnen
mit der U-Bahn fahren, das ist schneller
Zeit für die Freizeit einplanen
sagen, dass Sie jetzt nicht zuhören können
früher beginnen und früher Schluss machen
das Telefon ausschalten, wenn du frei hast

1. Frau Kovacic, ich würde an Ihrer Stelle *mit der U-Bahn fahren. Das ist schneller.*
2. Du könntest doch ______
3. Herr Isele, Sie sollten ______
4. An deiner Stelle ______
5. Sie sollten einfach ______
6. Sie könnte vielleicht ______

7 Welche Ratschläge passen zu Ihnen? Schreiben Sie vier Ratschläge, die Ihnen Ihre Freunde vielleicht geben wollen. (→ 5–6)

Ich würde an deiner Stelle ______
Du könntest ______
Du solltest ______
Ich würde ______

8 Vorbereitungen für das Fest – ein Chaos. Welches Verb ist richtig? Schreiben Sie die richtige Form. (→ 7)

1. Die Freunde haben schon lange über Freds Geburtstag vorbereitet. *gesprochen*
2. Sie haben sich gut auf das Fest gedacht. ______
3. Nora und Sabine haben sich um das Essen und die Getränke erinnert. ______
4. Mario hat an die Musik und Unterhaltung gekümmert. ______
5. Fred war aber dann viel zu spät und alle mussten auf ihn erinnern. ______
6. Es war ein schöner Abend, und alle warten sich gern an die Party. ______

9 Aktivitäten planen. Ergänzen Sie die Lücken. (→ 8)

- ◆ W_ _ _ _ _ (1) wir am Samstag Ski fahren?
- ◈ Nein, ich h_ _ _ (2) keine Lust. Das Wetter ist zu sch_ _ _ _ _ (3). Wollen wir nicht l_ _ _ _ _ (4) einen gemütlichen Tag ma_ _ _ _ (5)?
- ◆ Nein, lieber nicht. Ich w_ _ _ (6) etwas unternehmen. Das Wetter ist mir egal. Dann gehe ich allein Ski fahren!
- ◈ Aber wir kö_ _ _ _ _ (7) am Sonntag dann zusammen ins Theater gehen.
- ◆ Ich w_ _ _ (8) nicht. Nach dem Skifahren bin ich m_ _ _ (9). Lieber am Montag, gleich n_ _ _ (10) der Arbeit! Was h_ _ _ _ _ (11) du davon?
- ◈ Okay, von m_ _ (12) aus. Warte, ich sehe mal nach, w_ _ (13) auf dem Programm steht … ah, eine Komödie von Doris Dörrie.
- ◆ Eine Komödie finde ich p_ _ _ _ (14). Und Doris Dörrie ist immer lustig.
- ◈ Ja, da hast du r_ _ _ _ (15)! Wir könnten uns vor dem Theater treffen.
- ◆ Einv_ _ _ _ _ _ _ _ _ (16). Denkst du a_ (17) die Karten …?

10 So viele Fragen! Ergänzen Sie die Fragewörter. (→ 9)

1. Du warst doch mal in Hamburg. *Woran* erinnerst du dich noch? – An den Hafen.
2. Fritz hat viel erzählt. Er interessiert sich sehr für Musik. – ________________? – Für Musik.
3. Pinar hat vergessen, ________________ sie sich für das Fest kümmern sollte. – Ums Essen.
4. Wer hat angerufen? ________________ ärgerst du dich? – Ach, über eine unzufriedene Kundin!
5. Warum seid ihr so laut? ________________ diskutiert ihr? – Über das Fußballspiel vom Sonntag.
6. Esther freut sich so auf den Ausflug! – ________________? – Auf den Ausflug nach Salzburg.

über wen • wofür • ~~woran~~ • worauf • worüber • worum

11 Eine Zeitreise. Welches Wort passt? Kreuzen Sie an. (→ 11)

1. Die Zeitreise von Familie Schmidt hat mit einer Anzeige begonnen ☐ unternommen ☐.
2. Familie Schmidt musste alle Arbeiten wie vor 100 Jahren erledigen ☐ weitergehen ☐.
3. Das Leben vor 100 Jahren war sehr effektiv ☐ hart ☐. Man musste viel und lang arbeiten.
4. Familie Schmidt hatte nur wenig Geld. Sie mussten immer klingeln ☐ sparen ☐.
5. Es gab auf dem Bauernhof kein elektrisches Licht, sondern nur Kerzen ☐ Strom ☐.
6. Sie hatten keine Zeit, neben der Arbeit etwas zu unternehmen ☐ zu streiten ☐.
7. Als die Zeitreise vorbei war, waren alle glücklich ☐ kompliziert ☐.
8. Für die Familie war die Zeit auf dem Bauernhof eine Stimmung ☐ ein Abenteuer ☐.

12 Wie sieht Silvias Zeitreise aus? Verwenden Sie die Ausdrücke im Kasten. (→ 12)

nach Buenos Aires reisen, in die Zeit zwischen 1935 und 1955 • jedes Wochenende Tango tanzen • die besten Tango-Orchester hören • Astor Piazzolla kennenlernen und mit ihm Musik machen • dann ein Frauenorchester gründen • berühmt sein und viel Spaß haben

Silvia würde nach Buenos Aires reisen, in die Zeit zwischen …

____

____

____

13 Was bedeuten die Sprichwörter? Ergänzen Sie die Lücken. (→ 13)

1. _F_ Zeit ist Geld!
2. ___ Wie die Zeit vergeht!
3. ___ Es ist höchste Zeit.
4. ___ Kommt Zeit, kommt Rat.
5. ___ Die Zeit heilt alle Wunden.
6. ___ Mir läuft die Zeit davon.

A Du musst dich beeilen, es ist schon sehr spät.

B Bald denkst du nicht mehr an diese Enttäuschung. Kopf hoch!

C Ich brauche noch mehr Zeit, ich bin noch nicht fertig.

D Das ist nicht einfach, du musst Geduld haben.

E Was, das ist schon so lange her? Ich kann es kaum glauben.

F Du bist nicht effektiv, du musst die Zeit besser nutzen.

Wortbildung – Substantive mit *Lieblings-* und *Haupt-*

14 a Welche Bedeutung passt? Kreuzen Sie an.

1. Evas Lieblingsspeise ist Steak mit Salat.
   - [a] Das ist der wichtigste Teil vom Essen.
   - [b] Das isst Eva am liebsten.
2. Eva isst als Hauptspeise Fisch mit Kartoffeln.
   - [a] Das ist der wichtigste Teil vom Essen.
   - [b] Das isst Eva am liebsten.

b *Haupt-* oder *Lieblings-…*? Ergänzen Sie die passenden Substantive.

1. Diese Straße ist am wichtigsten: *die Hauptstraße*
2. Im Film „Das Parfum“ hat Ben Whishaw die wichtigste Rolle. Er spielt die ______________.
3. Wie schön! In diesem Film hat der Schauspieler Dustin Hoffmann eine kleine Rolle. Er ist mein ______________.
4. Das Fach Biologie hatte ich immer sehr gern, es war in der Schule mein ______________.
5. An diesem Bahnhof kommen in München alle Züge an, am ______________.
6. Diese Tiere mag ich am liebsten: ______________ sind meine ______________.
7. Das „Romantik-Café“ hat den besten Kuchen. Es ist mein ______________.

> Tom Cruise spielt in dem Film die Rolle, die am wichtigsten ist: *die **Haupt**rolle*
>
> Sie mag den Schauspieler Tom Cruise am liebsten: *ihr **Lieblings**schauspieler*

Typisch, oder?

1 Traditionen beschreiben. Ergänzen Sie den Bericht. Achten Sie bei den Verben auf die richtige Form. (→ 1)

dekorieren • Essen • Familie • ~~feiern~~ • Fest • Gäste • Geschenke • kochen • leben • Silvester • vergessen • wünschen

Shirin Madani *feiert* (1) zweimal im Jahr Neujahr. Sie ________________ (2) in zwei Kulturen. Am 31. Dezember feiert sie ________________ (3), wie ihre Freundinnen in Innsbruck. Es gibt gutes ________________ (4) und um Mitternacht ________________ (5) sich alle „ein glückliches neues Jahr". Am 22. März feiert Shirin mit ihrer ________________ (6) Nouruz. An diesem Tag ________________ (7) ihr Vater besondere Gerichte. Alle zusammen ________________ (8) einen Festtisch mit sieben Sachen. Sie laden auch ________________ (9) ein, vor allem Freunde von ihrem Vater. Die Gäste bringen für die Kinder ________________ (10) mit. Das ________________ (11) dauert sehr lang. An Nouruz muss man „neu beginnen" und man soll die alten Probleme ________________ (12).

2 Was machen Wandergesellen? Ordnen Sie zu. (→ 1)

1. Wandergesellen sind unterwegs durch Deutschland und … *D*
2. Wenn man nicht will, … ___
3. Man darf nur auf Wanderschaft, also auf die Walz, gehen, … ___
4. Die Wanderschaft dauert drei Jahre und einen Tag, und in dieser Zeit … ___
5. Wandergesellen tragen traditionelle Kleidung, … ___

A wenn man eine Lehre abgeschlossen hat.
B darf man nicht in den Heimatort zurückkommen.
C die bei jedem Wetter praktisch ist.
D sie arbeiten mal hier und mal dort.
E muss man nicht auf Wanderschaft gehen.

3 Welche Feste kennen Sie? Wie heißen die Wörter richtig? Schreiben Sie. (→ 2)

S_LV_ST_R	*Silvester*	_RNT_D_NK	________
N_ _J_HR	________	W_ _HN_CHT_N	________
F_SCH_NG	________	G_B_RTST_G	________
_ST_RN	________	H_CH_Z_ _T	________

4 Unsicher sein. Welche Ausdrücke finden Sie? Schreiben Sie. (→ 3)

WETINARDASWAREINBLÖDESGEFÜHLKLAPETOHABEICHETWASFALSCHGEMACHTÜPERNOÄJICHWARGANZ
UNSICHERATIHOLUPINYDASVERSTEHEICHNICHTKALYSODASWARSOKOMISCHNIRAHENWASWARDANICHT
RICHTIGBELAMENZIRBROMP

Das war ein blödes Gefühl.

____

5

a Einladungen in Deutschland. Ergänzen Sie die Lücken. (→ 3)

b Lesen Sie die Absätze noch einmal. Ergänzen Sie dann die passende Überschrift.

> Darf ich Freunde mitbringen? • Wie sieht es mit Geschenken aus? • Bitte immer zu zweit! • ~~Wie pünktlich muss man sein?~~ • Da hab' ich keine Zeit

Wie pünktlich muss man sein?

Bei einer Einl_ _ _ _ _ (1) für ein Abendessen oder zum Kaffeetr_ _ _ _ _ (2) kann man sicher fünf bis zehn Min_ _ _ _ (3) später kommen. Aber mehr sollte es nicht s_ _ _ (4). Bei einer größeren Pa_ _ _ (5) ist es in der Regel kein Pr_ _ _ _ _ (6), wenn man später kommt.

____

Wenn man jemanden mitbringen will, einen Fr_ _ _ _ (7) oder sogar mehrere, sollte man vorher unbedingt fr_ _ _ _ (8), ob das okay ist. Man sollte nicht ein_ _ _ _ (9) mit den Freunden vor der Tür st_ _ _ _ (10).

____

Bei einem F_ _ _ (11) ist es wirklich unhöflich, eine Pe_ _ _ _ (12) allein einzuladen. Jeder sollte mit seinem Partner ko_ _ _ _ (13) können. Es gibt manchmal aber auch besondere Ein_ _ _ _ _ _ _ _ _ (14), ein Abendessen mit den be_ _ _ _ (15) Freundinnen oder so. Dann kommen die P_ _ _ _ _ _ _ (16) nicht mit. Aber bei großen Festen sind eigentlich i_ _ _ _ (17) beide eingeladen. Auch wenn Sie den Partner von Ihrer Freundin nicht sym_ _ _ _ _ _ _ _ _ _ (18) finden.

____

Es ist gut, wenn man et_ _ _ (19) Kleines mitbringt, ein paar Bl_ _ _ _ (20) oder so. Das ist immer n_ _ _ (21) und die Gastgeber freuen sich. Wi_ _ _ _ _ _ (22) ist aber auch, dass man sich am E_ _ _ (23) noch mal bedankt.

____

Wenn eine Einladung schr_ _ _ _ _ _ _ _ (24) ist, sollte man auf jeden F_ _ _ (25) reagieren. Wenn man keine Z_ _ _ (26) für das Fest hat, sollte man schnell an_ _ _ _ _ _ (27) und absagen. Normalerweise ist da nie_ _ _ _ (28) böse, aber der Ga_ _ _ _ _ _ _ _ (29) kann besser planen.

6 Über Benehmen sprechen. Was passt nicht? Streichen Sie. (→ 4–5)

1. das Taschentuch – die Nase putzen – schlürfen – die Nase hochziehen
2. Essen anbieten – eine Portion bekommen – satt sein – die Schuhe ausziehen
3. unzufrieden sein – sich richtig benehmen – gierig sein – unhöflich wirken
4. die Einladung – der Gastgeber – die Verspätung – die Gastfreundschaft

7 Alles richtig machen. *damit* oder *um ... zu*? Welche Sätze sind richtig? Kreuzen Sie an. Es können auch beide Sätze richtig sein. (→ 4–6)

1. Bitte telefonieren Sie in der Bibliothek nicht,
   - [x] a damit Sie die anderen nicht stören.
   - [x] b um die anderen nicht zu stören.
2. Komm' bitte pünktlich zur Besprechung,
   - [ ] a damit die anderen nicht warten müssen.
   - [ ] b um die anderen nicht warten zu müssen.
3. Bitte machen Sie die Sitzplätze frei,
   - [ ] a damit die alten Leute sich setzen können.
   - [ ] b um die alten Leute sich setzen zu können.
4. Bringen Sie für die Gastgeber ein kleines Geschenk mit,
   - [x] a damit Sie ihnen eine Freude machen.
   - [ ] b um ihnen eine Freude zu machen.
5. Wenn du nicht zu einer Einladung kommen kannst, musst du absagen,
   - [ ] a um die Gastgeber planen zu können.
   - [x] b damit die Gastgeber planen können.

8 Wozu machen das die Personen? Ergänzen Sie die Sätze. Verwenden Sie *um ... zu*, wenn es möglich ist. (→ 4–6)

1. Katja beeilt sich sehr, *damit ihre Freunde nicht lange warten müssen.*
   lange / ihre Freunde / nicht / warten / müssen / .
2. Dursun ruft seine Freunde an, ____________________
   er / sie / zum Abendessen / einladen / .
3. Nina macht im Bus ihren Platz frei, ____________________
   ein alter Herr / sitzen / können / .
4. Florian telefoniert beim Essen nicht, ____________________
   die anderen / er / nicht / stören / .
5. Milan zieht in der Wohnung die Schuhe aus, ____________________
   er / den Teppich / nicht / schmutzig / machen / .
6. Natasha muss lange arbeiten und ruft ihren Mann an, ____________________
   er / keine Sorgen / sich / machen / .

9 Keine schöne Reise. Ergänzen Sie die Verbindungswörter. (→ 4–6)

Ich fahre nicht gern mit dem Zug, *weil* (1) meine letzte Zugfahrt einfach schrecklich war. Ich hatte extra einen Sitzplatz reserviert, ________ (2) ich nicht stehen muss und ________ (3) es oft sehr voll ist. Nur ein Platz gegenüber war noch frei, ________ (4) bald hat ein Mann mich gefragt, ________ (5) er dort sitzen darf. Ich habe zugestimmt, ________(6) ich wusste nicht, ________ (7) er die ganze Zeit laut telefonieren will, die Schuhe auszieht ________ (8) pausenlos die Nase hochzieht.

aber • dass • damit • denn • ob • und • ~~weil~~ • weil

10 Welches Wort passt? Kreuzen Sie an. (→ 4–6)

1. Gregor hatte großen Hunger, er hat schnell und gierig ☐ unsicher ☐ gegessen.
2. Laura hat für ihre Freunde ein zufriedenes ☐ typisches ☐ Gericht aus ihrem Land gekocht.
3. Frau Hilber hat für das Erntedankfest sichere ☐ traditionelle ☐ Kleidung angezogen.
4. Bei uns ist heute kein Feiertag, es ist ein ganz normaler ☐ klarer ☐ Sonntag.
5. Wie geht es Natasha? Du hast sie doch neulich ☐ typisch ☐ besucht.

11 Anrede mit *du* oder *Sie*. Ergänzen Sie die fehlenden Wörter. (→ 8)

AN • AU • AUS • BE • BIE • DET • DIS • FREUN • ~~GELN~~ • MA • ME • NAH • ~~RE~~ • TANZ • TEN • TISCH • TO

1. Die richtige Anrede ist oft schwierig. Es gibt nicht immer klare _Regeln_.
2. Personen, die man nicht kennt, redet man mit *Sie* an. Eine ______________ sind Kinder.
3. Erwachsene, die sich nicht kennen, siezen sich ______________.
4. Man kann aber nicht einfach immer *Sie* sagen, denn *Sie* zeigt auch ______________.
5. Wenn man mit Personen ______________ ist, sagt man *Du*.
6. Aber wie ist das? Wer darf eigentlich das *Du* ______________?

12 Wer sind die Personen? Schreiben Sie Relativsätze. (→ 9)

1. Wie heißt der Bekannte, _den du gerade gegrüßt hast?_ (Du hast ihn gerade gegrüßt.)
2. Wo wohnen die Leute, ______________ (Du willst sie besuchen.)
3. Das ist eine Kollegin, ______________ (Ich treffe sie immer im Zug.)
4. Wie heißt das Kind, ______________ (Wir sehen es da vorne.)
5. Ist das die Stimme vom Chef, ______________ (Ich höre sie auf dem Flur.)
6. Wie heißt der Zahnarzt, ______________ (Du kennst ihn gut.)
7. Kennen Sie die Nachbarin, ______________ (Sie putzt nie die Treppe.)

13 Klischees. Was sagt Jenny über die Schweiz? Ergänzen Sie die Verbformen. (→ 11)

erlebt • fahren • ~~gedacht~~ • gefahren • hatte • ist • sind • überrascht • wandern

Ich habe ja immer _gedacht_ (1), dass alle Schweizer supersportlich ______________ (2) und jedes Wochenende in den Bergen ______________ (3), aber das ______________ (4) natürlich nicht so. Aber das mit der Pünktlichkeit hat mich wirklich ______________ (5). Das stimmt wirklich – zumindest die Züge in der Schweiz, die ______________ (6) einfach immer pünktlich. Ich habe kein einziges Mal ______________ (7), dass ein Zug Verspätung ______________ (8) – und ich bin viel mit dem Zug ______________ (9).

14 Meine Vorstellungen über Deutschland, Österreich und die Schweiz. Ergänzen Sie (→ 11)

Ich denke, dass man in Deutschland ______________________

____

Man sagt, dass in Österreich viele ______________________

____

Ich habe oft gehört, dass es in der Schweiz ______________________

____

15 Einen Text schreiben. An welcher Stelle brauchen Sie Ausdrücke? Ordnen Sie zu. (→ 12–13)

Abschließend kann ich sagen, … Ich glaube, … Oft hört man … Eine häufige Meinung ist, … Mein Thema ist … Ich schreibe über … Zum Schluss möchte ich sagen, dass …

das Thema nennen	die Meinung äußern	zum Schluss kommen
______	______	______
______	______	______
______	______	______

Wortbildung – Verben + *mit-, weg-, weiter-, zusammen-, zurück-*

16 a Welches Verb ist falsch? Streichen Sie.

1. Kannst du mir eine Schokolade mitbringen / wegbringen, wenn du einkaufen gehst?
2. Nächste Woche habe ich Urlaub. Wir wollen gleich am Samstag wegfahren / zurückfahren.
3. Die Pause ist leider vorbei. Ich muss wieder mitmachen / weitermachen.
4. Frau Ganser ist ein tolle Kollegin. Mit ihr kann ich gut mitarbeiten / zusammenarbeiten.
5. Ich habe Schuhe bestellt, aber sie passen nicht. Ich muss sie weiterschicken / zurückschicken.

b *Mit-*, *weg-*, *weiter-*, *zusammen-* oder *zurück-*? Ergänzen Sie die passende Verbform.

1. Oje, wir haben uns verirrt. Ich glaube, wir müssen __________gehen. 2. Ist das dein Hund? – Nein, aber er ist einfach mit mir __________gegangen. 3. Wir gehen heute Abend essen. Möchten Sie nicht __________kommen? 4. Wann kommt Simon eigentlich aus dem Spanien-Urlaub __________? 5. Am Wochenende können wir __________fahren. Ich freue mich auf die Reise. 6. Ich suche eine Zwei-Zimmerwohnung, weil ich ich meinem Freund ______________ziehen will. 7. Du musst nicht mit dem Bus fahren, ich nehme dich im Auto __________. 8. Entschuldigung, können Sie mir vielleicht __________helfen? Ich suche die Post.

> **Verben mit *mit-*, *weg-*, *weiter-*, *zusammen-* oder *zurück-* sind trennbar:**
> *Ich kann am Freitag weggehen.*
> *Ich gehe am Freitag weg.*

Lösungen

1 Rund ums Essen

1 2. geben, 3. Durst, 4. probieren, 5. decken, 6. riechen, 7. helfen, 8. trinken, 9. gesund

2 1. dann, 2. Wohl, 3. für, 4. Ihre, 5. Appetit, 6. Danke, 7. wie, 8. dir, 9. Sehr, 10. du, 11. probieren, 12. bitte, 13. wirklich, 14. Essen, 15. auch, 16. gut, 17. Möchtest, 18. Nein

4
1. Laura schneidet (die) Zwiebeln.
2. Marco schält (die) Kartoffeln.
3. Tina Stein wäscht (das) Gemüse.
4. Cem Metin stellt den (einen) Topf auf den Herd.
5. Tina und Cem kochen (eine) Suppe.
6. Jean Leichter gibt den (einen) Fisch in die Pfanne.

5 1. seinem, 2. seinen, 3. ihrem, 4. seinem, 5. ihren, 6. ihrem, ihren

6 2. meiner; 3. Ihren, 4. meinem, 5. seiner; 6. Ihre, 7. ihren, 8. meine/ihre/unsere, 9; eurem, 10. unser

7 2. Ja, 3. Doch, 4. Doch, 5. Nein, 6. Ja, 7. Doch

8 1F, 2G, 3E, 4C, 5B, 6D, 7A

9 Das ist Jean Leichter. Er ist Koch in seinem Restaurant Gargamel in Garmisch. Herr Leichter hat in Hannover bei seinem Onkel kochen gelernt, hat in der Schweiz gearbeitet und war Koch auf einem Schiff. Er ist gern in der Natur und fährt sehr gut Ski.

10 1. mich, 2. dich, 3. sich, 4. sich, 5. uns, 6. euch, 7. sich, 8. euch

11 1. meldet sich, 2. mich … umziehen, 3. setzen … sich, 4. dich … gelangweilt, 5. freut sich, 6. sich … unterhalten, 7. ärgert sich, 8. uns beeilen

12
2. …, weil Lisa nicht gekommen ist.
3. …, weil Rick nicht noch mal kochen will.
4. …, weil Kochen ihm viel Spaß macht.
5. …, weil sie nicht kochen kann.
6. …, weil das sein Hobby ist.
7. …, weil das Gericht sehr gut geschmeckt hat.

13 1. und, 2. weil, 3. aber, 4. oder, 5. weil, 6. und, 7. aber, 8. oder

14 Nase – riechen, Fuß – gehen, Finger – fühlen, Mund – schmecken, Ohr – hören, Auge – sehen.

15a Ein Restaurant ohne Licht – es ist ganz dunkel. Sie können beim Essen Ihre eigene Hand nicht sehen. Jetzt zählt nur noch das Hören, Riechen, Fühlen und Schmecken.
Mir macht Kochen wirklich Spaß. Aber nicht nur das Kochen, natürlich auch das Essen! Das sieht man. Zum Kochen brauche ich Zeit und Musik. Dann bin ich sehr entspannt.

15b 2. Grillen, 3. (das) Sehen, 4. Hören, 5. Laufen, 6. Schwimmen

2 Nach der Schulzeit

1 1. wie, 2. gut, 3. Prima, 4. was, 5. Schule, 6. studieren, 7. Kunst, 8. Lieblingsfach, 9. auf, 10. nach, 11. habe, 12. Praktikum, 13. gemacht, 14. wirklich, 15. Spaß, 16. gefallen, 17. studiert, 18. war, 19. für, 20. immer, 21. sitzen, 22. Jahr, 23. wieder, 24. von, 25. mitgearbeitet, 26. viel, 27. Schmuck, 28. gut, 29. deine, 30. Zukunft, 31. Traum, 32. hast, 33. gleich, 34. Arbeit

2 1. geblieben, 2. gegangen, gesammelt; 3. studiert, gejobbt; 4. angefangen, 5. mitgearbeitet, gelernt; 6. bekommen, gemacht, gearbeitet

3 2A, 3F, 4B, 5C, 6D

4 2. durften, wollten; 3. mussten; 4. Musstet, 5. wollte, konnte; 6. wollten, durften, mussten; 7. konnte

5 1b, 2a, 3a, 4b, 5a, 6b

6 an der Wand, auf dem Sofa, unter dem Tisch, über der Tür, zwischen dem Stuhl und der Tür, neben dem Schrank, vor dem Regal, hinter dem Bild

7 2. steht vor dem, 3. hängt an der, 4. sitzt auf dem, 5. liegen auf dem, 6. sitzt auf dem, 7. steht auf dem

8 ... unter den Tisch gelegt. Den Stuhl hat er an die Wand gestellt. Die Kochbücher hat er ins / in das Regal gestellt. Die Pfanne hat er über den Herd gehängt, die Blumen hat er aufs / auf das Regal gestellt. Der Hund hat sich unter den Tisch auf den Teppich gelegt. Und die Katze hat sich neben den Hund gesetzt.

9 2. Die Brille von Aylin liegt im Bad.
3. Der Schlüssel von Max hängt an der Wand. (Die Schlüssel von Max hängen ...)
4. Die Schuhe von Mirko stehen im Flur.

10 1. bei der, 2. zum, 3. Von, 4. neben, 5. nach, 6. vor, 7. Aus, 8. In eine

11 2. Zeugnis, 3. Noten, 4. Probleme, 5. Praktika, 6. Unterricht, 7. Ferien, 8. Ausbildung, 9. Arbeit, 10. Geld

12 1. Aishe hat sechs Jahre lang die Realschule in Jena besucht.
2. Der Unterricht in Deutsch hat ihr viel Spaß gemacht.
3. Aber in Mathematik und Chemie musste sie sehr viel lernen.
4. In ihrer Schulzeit hat sie auch mehrere Praktika gemacht.
5. Da konnte sie verschiedene Berufe kennenlernen.

13 die Grundschule, die Realschule, die Berufsschule, das Gymnasium, die Ferien, das Abitur, die Schule, das Internat, die Abschlussfeier, das Klassentreffen

14a 2. der Lehrer, 3. die Schüler, 4. der Fahrer, 5. die Mitarbeiter

14b 2. der Helfer, 3. der Lehrer, 4. der Programmierer, 5. die Teilnehmer, 6. Bewohner, 7. Besucher

3 Medien im Alltag

1 der Bildschirm, die CD, das Handy, die Web-Cam, der Laptop, das Laufwerk (das CD-Laufwerk), der Lautsprecher, die Maus, die Tastatur

2a 2. geschickt, 3. gespeichert, 4. lädt ... herunter, 5. recherchieren, 6. skypen, 7. checken, 8. bloggst, 9. chatten, 10. ausmachen, 11. gesurft

2b 1. eine SMS, 2. eine Spielekonsole, 3. das Internet, 4. die Web-Cam, 5. das Fernsehgerät

3 2. lieber, 3. größer, 4. älter, 5. teurer, 6. praktischer, 7. besser

4 1. als, 2. wie, 3. als, 4. als, 5. als, 6. wie

5 2. Das Tablet kostet so viel wie das Smartphone.
3. Der Laptop kostet mehr als das Tablet.
4. Ein E-Book braucht weniger Platz als Bücher.
5. Alex schreibt nicht so viele SMS wie E-Mails.

7 2. er ... seine, 3. sie ihre, 4. er ... seine

8 2. ..., dass sie es für ihre Arbeit braucht.
3. ..., dass man immer schnell Informationen finden kann.
4. ..., dass er Bücher und Musik herunterladen kann.
5. ..., dass vieles einfach unwichtig und total uninteressant ist.
6. ..., dass er nicht viel Zeit im Internet verbringt.
7. ..., dass sie mit privaten Informationen sehr gut aufpasst.

10 1. am höchsten, 2. am kleinsten, 3. am größten, 4. am ältesten, 5. am schnellsten, 6. am meisten, 7. am berühmtesten, 8. am besten

11 2. Welche Musik hören Sie am liebsten?
3. Welches Bild finden Sie am schönsten?
4. Welche Stadt ist für Sie am interessantesten?
5. Welchen Star finden Sie am sympathischsten?
6. Welchen Sport finden Sie am blödsten?

12 Ines und Elias arbeiten länger als Mike. Eva arbeitet am längsten.
Eva ist älter als Ines. Ines ist (genau) so alt wie Mike. Elias ist am ältesten.

13 1. schon, 2. gesehen, 3. immer, 4. klasse, 5. Schauspieler, 6. toll, 7. gefällt, 8. Bilder; 9. Film, 10. Kino, 11. langweilig, 12. lustig, 13. wenig; 14. geärgert, 15. mich, 16. gefreut, 17. Regisseur, 18. Geschichten, 19. interessant, 20. spannend, 21. Szenen

14 ist wirklich lustig, ist nicht spannend, spielt in Berlin, hat ein aktuelles Thema, ist empfehlenswert, ist nur Durchschnitt, ist nicht realistisch, hat mir am wenigsten gefallen, macht echt Spaß, erzählt eine traurige Geschichte

15a 2. Sängerin, 3. Fotografin, 4. Schauspielerin
Lösungswort: Frau

15b 2. Zuschauerin, 3. Fahrerin, 4. Bäckerin

4 Große und kleine Gefühle

1 2. Geburt von einem Kind, 3. Jubiläum, 4. Hochzeit, 5. Schulabschluss, 6. ersten Platz, 7. der erste Schultag, 8. 80. Geburtstag

2 1. schön, 2. Babykleidung, 3. stimmt, 4. kommen, 5. Baby, 6. Krankenhaus, 7. glaube, 8. Stunde, 9. beeilen 10. da, 11. die, 12. hängen, 13. hier, 14. aus, 15. sind, 16. gekauft, 17. nicht, 18. selbst, 19. Willkommen, 20. Mutter

4 Lieber Philipp, liebe Lena!
Herzlichen Glückwunsch zur Geburt von eurem Sohn Jakob. Ich wünsche euch für die Zukunft zu dritt alles Gute. Bald bin ich wieder in München. Dann besuche ich euch. Ich freue mich, dass ich dann euren Jakob sehen kann.
Herzliche Grüße,
Caroline

5
1. ..., dann hat er ein bisschen Angst.
2. ..., hat sie viel Spaß und lacht.
3. ..., dann ist sie sehr glücklich und feiert.
4. ..., nimmt sie oft eine Kollegin mit.
5. ..., ist er unglücklich und telefoniert oft.

6
2. ..., wenn Mutter und Baby aus dem Krankenhaus kommen.
3. ..., wenn sie lange Zeit in der Firma arbeiten.
4. ..., wenn sie das Abiturzeugnis bekommen.
5. ..., wenn es heiratet.

7 1. glücklich, 2. nervös, 3. langweilig, 4. schade, 5. traurig, 6. aufregend

8 1. netten, großen, 2. bekannten, 3. unbekannte, 4. coole, 5. vollen, 6. alle, 7. lange, nächsten

9 2. alte, 3. neue, 4. hohen, 5. neue, 6. modernen; 8. moderne, 9. komischen, 10. hohe, 11. alten, 12. großen

10 1. leckere, 2. warmen, 3. tollen, 4. hohen, 5. frühen, 6. lange, 7. alte, 8. schwere

11 1. freue; 2. Pech, 3. leid, 4. Glück, 5. schön, 6. macht

12 1. Kindheit, 2. Erinnerungen, 3. Freundschaft, 4. Probleme, 5. Erfahrungen, 6. Sehnsucht

13 2. und, 3. dass, 4. wenn, 5. Aber, 6. Wenn, 7. dass, 8. Aber, 9. wenn, 10. weil

14
1. Danke für die Einladung zu deiner Geburtstagsparty. Was kann ich mitbringen? Wann soll ich bei dir sein? Sergej
2. Ich gratuliere ganz herzlich und wünsche dir alles Gute.
3. Vielen Dank für das schöne Fest. Es hat viel Spaß gemacht.

15
2. ... fängt sie mit der Arbeit an.
3. ... kommen viele Kunden ...
4. ... macht sie bis 13.00 Uhr Mittagspause.
5. ... geht sie gleich nach Hause, ...
6. ... sie eine Familie hat.
7. ..., kocht sie für ihre Familie.

16a
1. der Zahn, die Schmerzen, die Zahnschmerzen
2. die Kranken, der Wagen, der Krankenwagen
3. die Kranken, das Haus, das Krankenhaus

16b 1. Designerin ... Mode, 2. Arzt ... Augen, 3. Pfleger ... Alten, 4. Profi ... Fußball, 5. Lehrerin ... Deutsch

5 Was machen Sie beruflich?

1 2. ~~ins Büro~~: in die Werkstatt, 3. ~~die Klasse~~: die Praxis, 4. ~~ein neues Büro~~: ein neues Geschäft, 5. ~~sein Geschäft~~: seine Küche, 6. ~~in ihrer Praxis~~: in ihrem Büro

2 1. gewaschen, geschnitten, geföhnt; 2. unterrichtet, 3. gemacht, 4. gesprochen, gegeben, geschrieben

3 1a, 2a, 3b, 4a, 5b, 6a, 7a, 8b, 9b

4 2F, 3D, 4H, 5C, 6E, 7K, 8G, 9I, 10J, 11A

5 2. kostet, 3. komme … an, 4. umsteigen, 5. reservieren, 6. Gibt, 7. sitzen, 8. dauert

6 2. Ich fahre heute hin und übermorgen zurück.
3. Ich möchte einen Platz im Abteil reservieren.
4. Ich möchte direkt fahren, weil ich viel Gepäck habe.
5. Ich frage den Schaffner im Zug, wenn er die Fahrkarten kontrolliert.
6. Leider hat der Zug Verspätung und ich komme zu spät an.

7 die Ankunft, die Abfahrt, der Bahnsteig, die Fahrkarte, der Schalter, die Reservierung, die Rückfahrt

8 1. langes, 2. schönen, 3. tolle, 4. alte, 5. historischen, 6. viele, 7. interessante

9 1. gut<u>es</u>, 2. interessant<u>e</u>, 3. gut<u>e</u>, 4. modern<u>es</u>, 5. schön<u>en</u>, 6. alt<u>en</u>, 7. klein<u>en</u>, 8. neu<u>e</u>

11a 2. halben, 3. kleinen, 4. täglichen, 5. großen, 6. alte, 7. neuen, 8. langweilige, 9. großes, 10. ganzen, 11. tolle

11b 2. mit, 3. mit, 4. ohne, ohne, ohne

12 1. ist … geworden, 2. wurde, 3. wird, werden; 4. wurde, wird; 5. wirst

13 <u>Anrufer:</u> Kann ich mit Herrn Reiser sprechen? Können Sie mich mit Frau Berg verbinden? Kann ich eine Nachricht für ihn hinterlassen?
<u>Mitarbeiter in der Firma:</u> Herr Reiser ist gerade nicht am Platz. Kann ich etwas ausrichten? Kann Frau Berg Sie zurückrufen?

14a

sehr gut zurecht.	Aber	er will sich	und geht zurück	nach Berlin.	Vier Jahre lang
kommt Patrick	Mit dieser Arbeit	für die Tätigkeit	besser qualifizieren	Informatik.	studiert er
lernt er	auch programmieren.	eine Lehre und	macht Patrick	Neben dem Studium	kann er
Hier	in einer Computerfirma.	wird Grafiker.	Nach der Schule	erfolgreich.	gute Jobs finden
findet er	eine Arbeitsstelle	Nach drei Jahren	will er	und ist	und Geld verdienen.
Dort	nach Schweden.	und geht	im Ausland arbeiten	eine eigene Firma	Patrick gründet

14b … und wurde Grafiker / ist Grafiker geworden. Nach drei Jahren wollte er im Ausland arbeiten und ist nach Schweden gegangen. Dort hat er eine Arbeitsstelle in einer Computerfirma gefunden. Hier hat er auch programmieren gelernt. Mit dieser Arbeit ist Patrick sehr gut zurechtgekommen. Aber er wollte sich für die Tätigkeit besser qualifizieren und ist zurück nach Berlin gegangen. Vier Jahre lang hat er Informatik studiert. Neben dem Studium konnte er gute Jobs finden und Geld verdienen. Patrick hat eine eigene Firma gegründet und ist / war erfolgreich.

15a 1D, <u>das</u> Reiseziel; 2A, <u>das</u> Reisebüro; 3E, <u>der</u> Reiseführer; 4C, <u>der</u> Reisepass; 5B, <u>die</u> Reisetasche

15b 1. Deutschstunde, 2. Kochkurs, 3. Kochbuch, 4. Musikfan, 5. Sportschuhe, 6. Kaffeemaschine, 7. Führerscheinprüfung

6 Ganz schön mobil

1 1. weiter, 2. Unfall, 3. Stau, 4. Navi;
5. Verspätung, 6. fährt, 7. Stunde;
8. Ampeln, 9. Zeit, 10. kontrolliert, 11. Polizei,
12. Parkplatz;
13. voll, 14. Sitzplatz, 15. umsteigen; 16. ärgerlich,
17. kaputt, 18. Motor, 19. Auto,
20. Werkstatt

2 Sie warten: Es geht gleich los! Ich hab's ja gewusst, du bist nie pünktlich. Immer muss ich warten. Ich warte schon ein Viertelstunde. Mensch, wo bleibst du denn?
Sie sind zu spät: Entschuldige bitte. Ich bin gleich da. Entschuldigung, aber es ist so viel los. In fünf Minuten bin ich bei dir. Tut mir leid, es geht nicht schneller.

3 die Verspätung, der Anschluss, die Polizei, der Führerschein, der Sitzplatz, die Tankstelle, die Ampel, die Panne

4
2. ..., wie viel die Hin- und Rückfahrt kostet.
3. ..., wie oft er umsteigen muss.
4. ..., wie lange sie auf den Anschluss warten müssen.
5. ..., wann der Zug aus Hamburg ankommt.
6. ..., warum die S-Bahn nicht endlich abfährt.

5 1a, 2b, 3b, 4a, 5a, 6b

6 Beispiele:
..., ob das Essen in Deutschland gut ist.
..., wie schnell man in Deutschland fahren darf.
..., warum die Schweiz für Uhren bekannt ist.
..., ob es in Österreich gute Schauspieler gibt.

7

R	R	I	R	U	N	A	V	I	M	E	L	K	B
Ü	E	K	E	N	N	Z	E	I	C	H	E	N	A
C	I	O	P	K	W	A	R	W	I	A	B	S	U
K	F	Z	A	L	A	J	K	A	P	U	T	T	S
W	E	B	R	E	M	S	E	N	M	Y	A	A	T
Ä	N	T	A	V	P	T	H	C	O	D	N	U	E
R	O	A	T	U	E	R	R	H	T	R	K	O	L
T	P	I	U	P	L	K	W	T	O	E	E	N	L
S	V	E	R	S	I	C	H	E	R	U	N	G	E

das Kennzeichen, der PKW, das KFZ, kaputt, bremsen / die Bremsen, die Versicherung; rückwärts, der Reifen, die Reparatur, die Ampel, der Verkehr, der Motor, tanken, der Stau, die Baustelle

8 1. das Flugzeug, 2. die Tankstelle, 3. der Abflug, 4. rückwärts fahren, 5. die DVD, 6. verpassen

9 Moritz fährt bis zum Frankenweg, dort biegt er rechts ab, fährt am Krankenhaus vorbei und dann links über die Brücke. Er fährt durch den Stadtpark bis zur Mehnertstraße und um die Mehnertschule herum. Hinter der Schule, in der Tucholskystraße, da ist sein Büro.
Lara, wenn du mit dem Fahrrad kommst, dann kannst du die Elbe entlang fahren, über die Brücke bis zur Soyfertstraße. Dort fährst du links, biegst in den Badweg ab und fährst dann um das Museum herum. Die Praxis ist gegenüber dem Schwimmbad.

10 2C, 3A, 4G, 5D, 6B, 7E

11 Beispiele:
2. Ich finde gut, dass ich so keine Garage brauche.
3. Für Carsharing spricht, dass Versicherung und Reparaturen ziemlich teuer sind.
4. Ich bin total dagegen, weil nur ich mit meinem Auto fahren darf.
5. Ich finde das nicht praktisch, wenn ich nicht sofort ein Auto vor der Haustür habe(, wenn ich es brauche).
6. Ich bin dafür, weil ich mich nicht gern um mein Auto kümmere.

12 2. warten, 3. braucht, 4. fährt, 5. pendelt, 6. nimmt, 7. umsteigen, 8. dauert

13
1. Nur wenige Leute in Wien brauchen nur 10 Minuten für den Weg zur Arbeit.
2. In Essen fahren nur 12 Prozent mit dem Fahrrad zur Arbeit.
3. Der Weg zur Arbeit ist in Berlin im Durchschnitt länger als in Essen.
4. In Essen benutzen die meisten Leute das eigene Auto für den Weg zur Arbeit.

14a 2. unpraktisch, 3. schnell, 4. voll, 5. unmöglich, 6. ungefährlich, 7. langweilig, 8. ungeduldig, 9. hässlich

14b 1. unpraktisch, 2. unpünktlich, 3. unmodern, 4. ungesund, 5. unglücklich, 6. unangenehm, 7. unregelmäßig

7 Gelernt ist gelernt

1 2. das Land, 3. Chinesisch, 4. allein, 5. Stunden, 6. Lehrer, 7. Kurs, 8. Jetzt, 9. Spaß, 10. Aussprache

2 3 – 2 – 4 – 1 – 5 – 6

3 2F, 3C, 4D, 5B, 6A

4
2. Er war konsequent und hat immer den Stoff wiederholt.
3. Deshalb kannte er keine Angst und (er) hat vor der Prüfung gut geschlafen.
4. Um 10 Uhr hatte Florian seinen Termin für die Prüfung.
5. Er konnte sich gut konzentrieren und (er) war nicht nervös.
6. Florian hat die Prüfung geschafft und (er hat) am Abend lang gefeiert.

5 1. einhalten, 2. verschieben, 3. entspannen, 4. vorbereiten, 5. konzentrieren, 6. nachfragen

6
2. Du solltest auch mal nichts tun.
3. Man sollte sich für seine Arbeit belohnen.
4. Sie sollten vor der Prüfung tief durchatmen.
5. Wir sollten wieder einmal zusammen lernen.
6. Frau Kibart sollte nicht so streng zu sich sein.

8 1. Sprache, 2. Kurse, 3. Ausbildung, 4. Beruf, 5. Arbeit, 6. viel, 7. erzählt (erklärt), 8. gute, 9. Hilfe, 10. begleitet, 11. Arzt, 12. Mal, 13. wenn, 14. Tagen, 15. Aufträge, 16. brauche, 17. anstrengend

9 1. Übersetzerin, 2. Logopädin, 3. freiberuflich, 4. Aufträge, 5. Dolmetscher, 6. Krankenhaus, 7. Tagesablauf, 8. Flugbegleiterin
Lösungswort: Sprachen

10 Jules Brille, Ines' Handy, Simons Fahrrad

11 1c, 2b, 3c, 4b, 5c, 6a, 7b

12 2A, 3B, 4F, 5G, 6E, 7C

13 2. gewählt, 3. mitmacht, 4. sprechen, 5. funktioniert, 6. gibt, 7. ist

14
1. Mir gefällt besonders gut, dass ...
2. Ich gebe Ihnen ein Beispiel.
3. Ich fasse kurz zusammen.
4. Vielen Dank.
5. Haben Sie noch Fragen?

15 Verwenden Sie Bilder! Sprechen Sie die Zuhörer direkt an! Machen Sie eine Gliederung! Sehen Sie die Zuhörer an! Bedanken Sie sich am Schluss!

16a 2. die Übung, 3. die Lösung, 4. die Einladung, 5. die Reservierung

16b 2. Meinung, 3. Zeichnungen, 4. Bezahlung, 5. Erinnerungen

8 Sportlich, sportlich!

1 2. Winter, 3. Natur (Landschaft), 4. Sport, 5. Pferd, 6. sicher, 7. begeistert, 8. Wasser, 9. Hobby, 10. überall, 11. nur, 12. Stadt

2
1. im Herbst
2. Sie war noch ein Kind.
3. Sie weiß, warum sie (am Abend) müde ist.
4. die Probleme in der Arbeit und zu Hause
5. gute Wanderschuhe, bequeme Kleidung, einen Rucksack
6. die Ruhe

4 Hast du das gesehen? Das war großartig! Er ist einfach der Beste. Oh, wie ist das schön!
Nein, bitte nicht! Das kann doch nicht wahr sein. So ein Pech!
Hoffentlich klappt es. Sie sind bestimmt in Topform. Ich hoffe, dass sie heute gewinnen.

5 1. deshalb, 2. trotzdem, 3. trotzdem, 4. deshalb, 5. trotzdem, 6. deshalb

6
1. ..., dass ich dich nächste Woche live sehe.
2. ..., trotzdem gehe ich in Köln auf dein Konzert.
3. ..., weil du die Probleme von den Menschen verstehst.
4. ..., aber du benimmst dich wie ein normaler Mensch.

7 1D, 2F, 3A, 4B, 5C, 6E

8 1. Vorschlag, 2. macht, 3. dir, 4. leider, 5. wird, 6. weiß, 7. später, 8. lieber, 9. weitermachst, 10. Idee, 11. gehen, 12. danach, 13. machen, 14. sicher, 15. brauche, 16. spazieren, 17. kann, 18. Wollen, 19. oder, 20. einverstanden

9 2. … ihnen die Regeln.
3. … jeder Gruppe einen Würfel.
4. … der Lehrerin ihre Uhr.
5. … den Gewinnern einen Kuchen.

10 2. sie ihr, 3. es ihm, 4. ihn dir, 5. ihn dir, 6. es ihm

11 2. gegangen, 3. gekommen, 4. gefunden, 5. lösen, 6. klettern, 7. war, 8. versteckt, 9. hineingelegt, 10. notiert, 11. versteckt, 12. zurückgekommen

12 2. der Wald, Wälder; 3. die Natur (Singular); 4. die Pflanze, Pflanzen; 5. das Gelände, –; 6. der Schatz, Schätze; 7. das Versteck, Verstecke; 8. die Dose, Dosen; 9. das Loch, Löcher; 10. die Höhle, Höhlen

13 1. ~~verstecken~~, 2. ~~der Bahnhof~~, 3. ~~die Übernachtung~~, 4. ~~das Ticket~~

14 1. hineinlegen, 2. herausnehmen, 3. hineinlegen, 4. hineinlegen, 5. herausgenommen, 6. herausnehmen

9 Zusammen leben

1 der Altbau, Altbauten; das Hausboot, Hausboote; der Bauernhof, Bauernhöfe; das Hochhaus, Hochhäuser; die Wohnung, Wohnungen; das Reihenhaus, -häuser; das Loft, Lofts; die Ferienwohnung, -wohnungen

2 1. Garage, 2. Keller, 3. Balkon, 4. Garten, 5. Treppe, 6. Flur, 7. Dach, 8. Eingang
Lösungswort: Gebäude (AE = ä)

3 2. gemütlich, 3. hoch, 4. groß, 5. Zimmer, 6. haben, 7. Gästezimmer, 8. komisch, 9. schlafen, 10. immer, 11. erzählt;
12. Familie, 13. Bauernhof, 14. Dorf, 15. Stadt, 16. Leben, 17. Aber, 18. Arbeit, 19. langweilig, 20. wichtig, 21. weg, 22. Hilfe

4 2. feiern, 3. bleiben, 4. stört, 5. lassen, 6. stinkt, 7. putzen

5 Beispiele:
A: … direkt vor der Haustür abstellen. Es stört mich, wenn der Eingang nicht frei ist. Es war gestern Nacht schon wieder so laut, das geht wirklich nicht.
B: … schon wieder so laut seid. Entschuldigung, könnt ihr mir bitte zuhören? Ihr habt schon wieder nicht aufgeräumt.

6 Sich entschuldigen: Das habe ich nicht gewusst. Das kommt nicht mehr vor. Das wollten wir nicht. Es tut mir schrecklich leid. Na, wenn das so ist, …
Einlenken: Das ist schon in Ordnung. Vergessen wir das. Ist ja schon gut. Na gut, ist nicht so schlimm.

7 1. schmutzig, 2. nass, 3. putzen, 4. stinkt, 5. Müll, 6. Batterie, 7. Papier, 8. Plastik, 9. Mülltonne, 10. Feuer, 11. Feuerwehr
Lösungswort: Hausmeister

8 1. Könnten Sie mir kurz Ihr Werkzeug leihen?
2. Könntest du morgen meine Fische füttern?
3. Könntet ihr bitte etwas leiser sein?
4. Könntest du mir einen Kaffee machen?
5. Könnten Sie Frau Raich zu mir schicken?
6. Könntet ihr mir bitte einen Moment helfen?

9 2. bestellt, 3. abgemeldet, 4. verabschiedet, 5. eingezogen, 6. angemeldet

10 möbliert, vermieten, der Aufzug, Aufzüge; der Strom (Singular); die Miete, Mieten

11 2E, 3G, 4B, 5H, 6F, 7D, 8A

12 1. als, 2. wenn, 3. Als, 4. Wenn, 5. Als, 6. wenn, 7. als

14 1. …, eine Ratte haben. 2. …, wie viel Geld die Deutschen für Haustiere ausgeben. 3. …, dass es sogar Schweine als Haustiere gibt. 4. …, dass Haustiere bei Stress helfen. 5. …, dass mehr Frauen als Männer Haustiere haben.

15 1. zum Fluss, 2. eine Straße, 3. gesehen, 4. der Ente, 5. geschickt, 6. bekannt

16a

Verb	Substantiv	Adjektiv
ordnen	die Ordnung	ordentlich
verstecken	das Versteck	versteckt
trinken	das Getränk	–
anbieten	das Angebot	–
überraschen	die Überraschung	überrascht
helfen	der Helfer, die Hilfe	hilfsbereit

16b Beispiele:
sprechen: das Gespräch, die Sprache
ärgerlich: der Ärger, (sich) ärgern
das Unglück: unglücklich, das Glück, glücklich
vermieten: die Miete, mieten, der Mieter
arbeitslos: die Arbeit, arbeiten, der Arbeitsplatz
(sich) interessieren: interessant, das Interesse, interessiert (an)

10 Gute Unterhaltung!

1 1. am wenigsten; 2. am teuersten, 3. am längsten, am meisten; 4. am bekanntesten, 5. am erfolgreichsten

2 1. letztes, 2. toll, 3. Führung, 4. viel, 5. Leute, 6. einfach, 7. stressig, 8. Fotos; 9. mir, 10. Zuerst, 11. gut, 12. immer, 13. singt, 14. Texte, 15. gefallen; 16. Buch, 17. super, 18. mal, 19. leihen, 20. Autor, 21. fast

4 2. Welche; 3. Was für; 4. Welchen; 5. welchem; 6. Was für ein

5 2. Karten, 3. Bühne, 4. Band, 5. Plätze, 6. Kreditkarte

6 Das sagt der Käufer:
Gibt es noch Karten für das Konzert? Was für Karten gibt es? Wie viel kosten die Karten? Kann ich mit Kreditkarte bezahlen?
Das sagt der Verkäufer:
Möchten Sie Sitzplätze oder Stehplätze? Die Stehplätze kosten 24 Euro. Zahlen Sie bar oder per Überweisung? Nein, das Konzert ist leider ausverkauft.

7 1. Rabatt, 2. bar, 3. überweisen, 4. Konto, 5. Kasse, 6. Prozent, 7. Quittung, 8. Kreditkarte, 9. netto; Lösungswort: Bankkonto

8 1a, 2b, 3b, 4a, 5c, 6c, 7a, 8b

9 1. etwas, 2. alles, 3. etwas, 4. nichts, 5. alles, 6. nichts, 7. alles/etwas

10 2. die, 3. das, 4. die, 5. die, 6. das, 7. das, 8. der

11 2. ..., die die „Harry Potter"-Romane geschrieben hat?
3. ..., der die 100 Meter am schnellsten läuft?
4. ..., die viele Film-Komödien gedreht haben?
5. ..., die das Album „Back to Black" gemacht hat?
6. ..., die im Tennis sehr erfolgreich sind?

12 1. bunt, 2. realistisch, 3. originelle, 4. abstrakt, 5. kreativ

13 2. Ecke; 3. Mitte; 4. Hinter, rechts/links, links/rechts; 5. von; 6. Oben; 7. Vordergrund; 8. Unten, Ecke

14a 1. hell + blau, 2. dunkel + grün, 3. blau + grün, 4. rot + braun

14b 2. dunkelbraun, 3. hellblau, 4. dunkelrot, 5. hellblonde, 6. blaugrauen, 7. gelbgrünen, 8. graubraun

11 Wie die Zeit vergeht!

1 3 – 4 – 7 – 2 – 1 – 5 – 6

2 2. geworden, 3. kennengelernt, 4. gemacht, 5. gegründet, bekommen, 6. gekümmert, 7. engagiert, 8. gebaut, 9. genießt

3 1. betrunken, 2. verboten, 3. gefährlich, 4. Krankenwagen, 5. verletzt, 6. blutet, Lösungswort: Unfall

4 Weißt du, wo ich bin? In der Praxis von Doktor Dettmer. Ich hatte eine Untersuchung und es stimmt: Ich bin schwanger. Wir bekommen ein Baby! Ich bin ja so glücklich! Ist das nicht wunderbar?

5 2. Aber sie würde lieber eine lange Mittagspause machen.
3. Sie würde gern mit den Kolleginnen früh nach Hause gehen.
4. Sie hätte schon jetzt gern / gern schon jetzt eine Woche Urlaub.
5. Sie würde gern öfter etwas mit ihren Freunden machen.
6. Sie wäre lieber wieder in der alten Firma.

6 2. ... das Telefon ausschalten, wenn du frei hast.
3. ... sagen, dass Sie jetzt nicht zuhören können.
4. ... würde ich Zeit für die Freizeit einplanen.
5. ... aufstehen und die Fenster öffnen.
6. ... früher beginnen und früher Schluss machen.

8 2. vorbereitet, 3. gekümmert, 4. gedacht, 5. warten, 6. erinnern

9 1. Wollen, 2. habe, 3. schlecht, 4. lieber, 5. machen, 6. will, 7. könnten, 8. weiß, 9. müde, 10. nach, 11. hältst, 12. mir, 13. was, 14. prima, 15. recht, 16. Einverstanden, 17. an

10 2. Wofür, 3. worum, 4. Über wen, 5. Worüber, 6. Worauf

11 1. begonnen, 2. erledigen, 3. hart, 4. sparen, 5. Kerzen, 6. zu unternehmen, 7. glücklich, 8. ein Abenteuer

12 Beispiel:
... 1935 und 1955. Sie würde jedes Wochenende Tango tanzen und die besten Tango-Orchester hören. Bestimmt würde sie Astor Piazzolla kennenlernen und mit ihm Musik machen. Dann würde sie ein Frauenorchester gründen. Sie wäre berühmt und hätte viel Spaß.

13 2E, 3A, 4D, 5B, 6C

14a 1b, 2a

14b 2. Hauptrolle, 3. Lieblingsschauspieler, 4. Lieblingsfach, 5. Hauptbahnhof, 6. ..., Lieblingstiere, 7. Lieblingscafé

12 Typisch, oder?

1 2. lebt, 3. Silvester, 4. Essen, 5. wünschen, 6. Familie, 7. kocht, 8. dekorieren, 9. Gäste, 10. Geschenke, 11. Fest, 12. vergessen

2 2E, 3A, 4B, 5C

3 Silvester, Neujahr, Fasching, Ostern, Erntedank, Weihnachten, Geburtstag, Hochzeit

4 Habe ich etwas falsch gemacht? Ich war ganz unsicher. Das verstehe ich nicht. Das war so komisch. Was war da nicht richtig?

5a 1. Einladung, 2. Kaffeetrinken, 3. Minuten, 4. sein, 5. Party, 6. Problem; 7. Freund, 8. fragen, 9. einfach, 10. stehen; 11. Fest, 12. Person, 13. kommen, 14. Einladungen, 15. besten, 16. Partner, 17. immer, 18. sympathisch; 19. etwas, 20. Blumen, 21. nett, 22. Wichtig, 23. Ende; 24. schriftlich, 25. Fall, 26. Zeit, 27. anrufen, 28. niemand, 29. Gastgeber

5b Überschriften (von oben nach unten):
Darf ich Freunde mitbringen?
Bitte immer zu zweit!
Wie sieht es mit Geschenken aus?
Da hab' ich keine Zeit

6 1. ~~schlürfen~~, 2. ~~die Schuhe ausziehen~~, 3. ~~sich richtig benehmen~~, 4. ~~die Verspätung~~

7 2a, 3a, 4a+b, 5b

8 2. ..., um sie zum Abendessen einzuladen.
3. ..., damit ein alter Herr sitzen kann.
4. ..., um die anderen nicht zu stören.
5. ..., um den Teppich nicht schmutzig zu machen.
6. ..., damit er sich keine Sorgen macht.

9 2. damit, 3. weil, 4. aber, 5. ob, 6. denn, 7. dass, 8. und

10 1. gierig, 2. typisches, 3. traditionelle, 4. normaler, 5. neulich

11 2. Ausnahme, 3. automatisch, 4. Distanz, 5. befreundet, 6. anbieten

12 2. ..., die du besuchen willst?
3. ..., die ich immer im Zug treffe.
4. ..., das wir da vorne sehen?
5. ..., die ich auf dem Flur höre?
6. ..., den du gut kennst?
7. ..., die nie die Treppe putzt?

13 2. sind, 3. wandern, 4. ist, 5. überrascht, 6. fahren, 7. erlebt, 8. hatte, 9. gefahren

15 das Thema nennen: Mein Thema ist ..., Ich schreibe über ...
die Meinung äußern: Ich glaube, ...;
Oft hört man ..., Eine häufige Meinung ist, ...,
zum Schluss kommen: Abschließend kann ich sagen, ...; Zum Schluss möchte ich sagen, dass ...

16a 1. ~~wegbringen~~, 2. ~~zurückfahren~~, 3. ~~mitmachen~~, 4. ~~mitarbeiten~~, 5. ~~weiterschicken~~

16b 1. zurückgehen, 2. mitgegangen, 3. mitkommen, 4. kommt ... zurück, 5. wegfahren, 6. zusammenziehen, 7. nehme ... mit, 8. weiterhelfen

Die Verben aus *Netzwerk* A1 sind grau, die Verben aus *Netzwerk* A2 schwarz. Der Lernwortschatz für die Tests **Start 1** (z. B. an|fangen) und **Start 2** (z. B. **ab|fahren**) ist markiert.

unregelmäßige Verben – trennbar

Infinitiv	Präsens	Partizip II
ab|fahren	er/sie fährt … ab	ist … abgefahren
ab|fliegen	er/sie fliegt … ab	ist … abgeflogen
ab|geben	er/sie gibt … ab	hat … abgegeben
ab|hängen	er/sie hängt … ab	hat … abgehangen
ab|lesen	er/sie liest … ab	hat … abgelesen
ab|nehmen	er/sie nimmt … ab	hat … abgenommen
ab|schließen	er/sie schließt … ab	hat … abgeschlossen
an|bieten	er/sie bietet … an	hat … angeboten
an|fangen	er/sie fängt … an	hat … angefangen
an|kommen	er/sie kommt … an	ist … angekommen
an|lassen	er/sie lässt … an	hat … angelassen
an|nehmen	er/sie nimmt … an	hat … angenommen
an|rufen	er/sie ruft … an	hat … angerufen
an|sehen	er/sie sieht … an	hat … angesehen
an|sprechen	er/sie spricht … an	hat … angesprochen
an|ziehen	er/sie zieht … an	hat … angezogen
auf|fallen	er/sie fällt … auf	ist … aufgefallen
auf|hängen	er/sie hängt … auf	hat … aufgehängt
auf|hören	er/sie hört … auf	hat … aufgehört
auf|schlagen	er/sie schlägt … auf	hat … aufgeschlagen
auf|schreiben	er/sie schreibt … auf	hat … aufgeschrieben
auf|stehen	er/sie steht … auf	ist … aufgestanden
auf|ziehen	er/sie zieht … auf	hat … aufgezogen
aus|geben	er/sie gibt … aus	hat … ausgegeben
aus|gehen	er/sie geht … aus	ist … ausgegangen
aus|halten	er/sie hält … aus	hat … ausgehalten
aus|kennen (sich)	er/sie kennt sich aus	hat sich ausgekannt
aus|laden	er/sie lädt … aus	hat … ausgeladen
aus|leihen	er/sie leiht … aus	hat … ausgeliehen
aus|schlafen	er/sie schläft … aus	hat … ausgeschlafen
aus|sehen	er/sie sieht … aus	hat … ausgesehen
aus|sprechen	er/sie spricht … aus	hat … ausgesprochen
aus|steigen	er/sie steigt … aus	ist … ausgestiegen
aus|ziehen	er/sie zieht … aus	hat … ausgezogen
ein|fallen	es fällt … ein	ist … eingefallen
ein|geben	er/sie gibt … ein	hat … eingegeben
ein|gehen	er/sie geht … ein	ist … eingegangen
ein|halten	er/sie hält … ein	hat … eingehalten
ein|laden	er/sie lädt … ein	hat … eingeladen
ein|reiben	er/sie reibt … ein	hat … eingerieben
ein|schlafen	er/sie schläft … ein	ist … eingeschlafen

Infinitiv	Präsens	Partizip II
einsteigen	er/sie steigt … ein	ist … eingestiegen
ein|ziehen	er/sie zieht … ein	ist … eingezogen
entlang|gehen	er/sie geht … entlang	ist … entlanggegangen
fern|sehen	er/sie sieht … fern	hat … ferngesehen
glatt|gehen	es geht … glatt	ist … glattgegangen
heraus|nehmen	er/sie nimmt … heraus	hat … herausgenommen
herum|gehen	er/sie geht … herum	ist … herumgegangen
herunter|laden	er/sie lädt … herunter	hat … heruntergeladen
hin|fahren	er/sie fährt … hin	ist … hingefahren
hoch|laden	er/sie lädt … hoch	hat … hochgeladen
hoch|ziehen	er/sie zieht … hoch	hat … hochgezogen
kaputt|gehen	es geht … kaputt	ist … kaputtgegangen
leid|tun	er/sie tut … leid	hat … leidgetan
los|gehen	er/sie geht … los	ist … losgegangen
mit|bringen	er/sie bringt … mit	hat … mitgebracht
mit|haben	er/sie hat … mit	hat … mitgehabt
mit|kommen	er/sie kommt … mit	ist … mitgekommen
mit|nehmen	er/sie nimmt … mit	hat … mitgenommen
nach|denken	er/sie denkt … nach	hat … nachgedacht
nach|sprechen	er/sie spricht … nach	hat … nachgesprochen
raus|gehen	er/sie geht … raus	ist … rausgegangen
statt|finden	es findet … statt	hat … stattgefunden
teil|nehmen	er/sie nimmt … teil	hat … teilgenommen
um|steigen	er/sie steigt … um	ist … umgestiegen
um|ziehen	er/sie zieht … um	ist … umgezogen
vorbei|gehen	er/sie geht … vorbei	ist … vorbeigegangen
vor|gehen	er/sie geht … vor	ist … vorgegangen
vor|haben	er/sie hat … vor	hat … vorgehabt
vor|kommen	es kommt … vor	ist … vorgekommen
vor|lesen	er/sie liest … vor	hat … vorgelesen
vor|schlagen	er/sie schlägt … vor	hat … vorgeschlagen
vor|tragen	er/sie trägt … vor	hat … vorgetragen
weg|fahren	er/sie fährt … weg	ist … weggefahren
weg|gehen	er/sie geht … weg	ist … weggegangen
weg|lassen	er/sie lässt … weg	hat … weggelassen
weh|tun	er/sie tut … weh	hat … wehgetan
weiter|geben	er/sie gibt … weiter	hat … weitergegeben
weiter|gehen	er/sie geht … weiter	ist … weitergegangen
weiter|helfen	er/sie hilft … weiter	hat … weitergeholfen
wohl|fühlen (sich)	er/sie fühlt sich wohl	hat sich wohlgefühlt
zu|haben	er/sie hat … zu	hat … zugehabt
zu|nehmen	er/sie nimmt … zu	hat … zugenommen
zurecht|kommen	er/sie kommt … zurecht	ist … zurechtgekommen
zurück|kommen	er/sie kommt … zurück	ist … zurückgekommen
zurück|rufen	er/sie ruft … zurück	hat … zurückgerufen
zusammen|ziehen	er/sie zieht … zusammen	ist … zusammengezogen

regelmäßige Verben – trennbar

ab|holen, ab|lehnen, ab|malen, ab|melden, ab|rechnen, **ab|stellen,** ab|wechseln
an|klicken, an|kreuzen, an|machen, an|malen, an|melden, an|probieren, an|spannen
auf|hängen, **au|fhören,** auf|legen, **auf|machen, auf|passen,** auf|räumen, auf|regen (sich), auf|stellen (sich)
aus|drücken, aus|probieren, aus|räumen, aus|richten, aus|ruhen (sich), aus|schalten, aus|strecken, aus|suchen, aus|tauschen (sich), aus|teilen, aus|wählen.
bereit|legen
durch|atmen
ein|atmen, ein|bauen, ein|füllen, **ein|kaufen,** ein|kochen, ein|legen, ein|lenken, ein|packen, ein|planen, ein|sammeln, ein|schalten, ein|zeichnen
fest|stellen
gut|machen
hinein|legen, hinein|schauen
hin|legen
kennen|lernen
mit|machen
nach|fragen
um|tauschen
vor|bereiten (sich), vor|spielen, **vor|stellen** (sich)
weiter|arbeiten, weiter|flüstern, weiter|machen, weiter|suchen
zu|bereiten, zu|hören, zu|kleben, **zu|machen,** zu|ordnen, zu|stimmen
zurück|reisen, zurück|schicken,
zusammen|arbeiten, zusammen|fassen, zusammen|gehören, zusammen|passen, zusammen|wohnen

unregelmäßige Verben mit Präfix – nicht trennbar

Infinitiv	**Präsens**	**Partizip II**
beginnen	er/sie beginnt	hat ... begonnen
bekommen	er/sie bekommt	hat ... bekommen
benehmen (sich)	er/sie benimmt sich	hat sich ... benommen
beschreiben	er/sie beschreibt	hat ... beschrieben
besitzen	er/sie besitzt	hat ... besessen
bestehen	er/sie besteht	hat ... bestanden
bewerben (sich)	er/sie bewirbt sich	hat sich ... beworben
empfehlen	er/sie empfiehlt	hat ... empfohlen
entscheiden (sich)	er/sie entscheidet sich	hat sich ... entschieden
entstehen	es entsteht	ist ... entstanden
entwerfen	er/sie entwirft	hat ... entworfen
erfinden	er/sie erfindet	hat ... erfunden
erkennen	er/sie erkennt	hat ... erkannt
erraten	er/sie errät	hat ... erraten
erscheinen	er/sie erscheint	ist ... erschienen
erschließen	er/sie erschließt	hat ... erschlossen
gefallen	er/sie gefällt	hat ... gefallen
genießen	er/sie genießt	hat ... genossen
gewinnen	er/sie gewinnt	hat ... gewonnen
hinterlassen	er/sie hinterlässt	hat ... hinterlassen
übernehmen	er/sie übernimmt	hat ... übernommen

Infinitiv	Präsens	Partizip II
überweisen	er/sie überweist	hat ... überwiesen
unterhalten (sich)	er/sie unterhält sich	hat sich ... unterhalten
unternehmen	er/sie unternimmt	hat ... unternommen
unterschreiben	er/sie unterschreibt	hat ... unterschrieben
unterstreichen	er/sie unterstreicht	hat ... unterstrichen
verbinden	er/sie verbindet	hat ... verbunden
verbringen	er/sie verbringt	hat ... verbracht
vergehen	es vergeht	ist ... vergangen
vergessen	er/sie vergisst	hat ... vergessen
vergleichen	er/sie vergleicht	hat ... verglichen
verlaufen (sich)	er/sie verläuft sich	hat sich ... verlaufen
verlieren	er/sie verlor	hat ... verloren
verraten	er/sie verrät	hat ... verraten
verschieben	er/sie verschiebt	hat ... verschoben
verschlafen	er/sie verschläft	hat ... verschlafen
verschwinden	er/sie verschwindet	ist ... verschwunden
versprechen	er/sie verspricht	hat ... versprochen
verstehen	er/sie versteht	hat ... verstanden
vertreten	er/sie vertritt	hat ... vertreten

regelmäßige Verben mit Präfix – nicht trennbar

bedanken (sich), **bedeuten**, **beeilen (sich)**, beeindrucken, beenden, befürchten, begleiten, begründen, begrüßen, belohnen, **benutzen**, berichten, beschweren, **besichtigen**, **bestellen**, bestimmen, **besuchen**, betonen, betreuen, bewegen, **bezahlen**
entschuldigen, entspannen
erfragen, erfüllen (sich), ergänzen, **erklären**, **erzählen**, **erinnern (sich)**, erlauben, erleben, erledigen, **erreichen**, erwarten, **gehören**, gestalten, gewöhnen (sich)
überlegen, überqueren, überraschen, überreichen
unterrichten
verabreden (sich), verabschieden (sich), verändern, verbessern, **verdienen**, verfassen, verirren (sich), verkaufen, verkleiden, **vermieten**, vermuten, verpassen, verplanen, verschicken, verstauen, verstecken, **versuchen**, verteilen, verwenden
wiederholen
zerdrücken

über Grammatik sprechen

Beispiel	Terminus	in Ihrer Sprache
a, b, c, d, e, f, g …	der Buchstabe	________
b, c, d, f, g, h, j …	der Konsonant	________
a, e, i, o, u	der Vokal	________
ä, ö, ü	der Umlaut	________
Ich / wohnen / in / Frankfurt.	das Wort	________
Ich wohne in Frankfurt.	der Satz / der Aussagesatz	________
Wie heißt du? Wo wohnen Sie?	die Frage: die W-Frage	________
Gehen wir ins Kino? Hast du Zeit? Hast du keine Lust?	– die Ja-/Nein-Frage	________
Gehen Sie links! Sei ganz ruhig! Haltet den Rücken gerade.	der Aufforderungssatz / der Imperativsatz	________
Er arbeitet nicht, weil er krank ist. Sie freut sich, dass sie viel Zeit hat.	der Nebensatz	________
Pia fragt, wann der Zug fährt. Leon weiß nicht, ob er frei hat.	– die indirekte Frage	________
Der Film, der mir am besten gefallen hat.	– der Relativsatz	________
Sie arbeitet länger, damit sie heute fertig wird. /	– Nebensatz mit *damit*	________
…, um heute fertig zu werden.	Infinitivkonstruktion mit *um … zu*	________
gehen, kommt, war, getrunken …	das Verb	________
gehen, kommen, sein, trinken …	– der Infinitiv	________
ich gehe, du gehst, er geht …	– die Formen / die Verbformen	________
können, wollen, müssen, dürfen, sollen	das Modalverb	________
anrufen, aufstehen, aussteigen	das trennbare Verb	________
verstehen, entschuldigen	das nicht trennbare Verb	________
Ich freue mich. Freust du dich auch?	das reflexive Verb	________
ich fahre – du fährst; ich lese – du liest	das unregelmäßige Verb	________
Geh! Lies! Lauft! Nehmt! Kommen Sie! Steigen Sie ein!	der Imperativ	________
Daniel hat lange gelernt.	das Perfekt	________
gemacht, gegangen, gebracht, telefoniert	– das Partizip II	________
machen – gemacht, warten – gewartet	– regelmäßige Verben	________
gehen – gegangen, bringen – gebracht	– unregelmäßige Verben	________
Daniel hat lange gelernt. Er ist nach Hause gegangen.	– das Hilfsverb	________
Der Tag war schön. Wir hatten Spaß.	das Präteritum	________

Beispiel	Terminus	in Ihrer Sprache
Könntest du mir bitte helfen? Ich würde das anders machen.	der Konjunktiv II	
der Bahnhof, das Hotel, die Straße	das Substantiv	
der Bahnhof, das Hotel, die Straße	der Artikel	
der Bahnhof, der Fluss	– maskulin	
das Hotel, das Rathaus	– neutrum	
die Straße, die Stadt	– feminin	
der/ein Bahnhof, das/ein Hotel, die/eine Straße	– Singular	
die Bahnhöfe, die Hotels, die Straßen	– Plural	
Der Himmel ist blau. Aber es ist ein kalter Tag.	das Adjektiv	
der blaue Himmel, ein blauer Himmel, eine Wolke am blauen Himmel	die Endungen der Adjektive	
Heute ist es wärmer als gestern. Gestern war es nicht so warm wie heute.	der Vergleich	
Laura sucht einen besseren Job. Sie möchte mehr verdienen als jetzt.	der Komparativ	
Dieses Buch gefällt mir am besten.	der Superlativ	
der Zug, eine Straße, kein Bahnhof, mein Fahrrad, diese Autos	das Artikelwort	
der, das, die	der bestimmte Artikel	
ein, ein, eine	der unbestimmte Artikel	
kein, kein, keine	der Negationsartikel	
mein, dein, sein ...	der Possessivartikel	
Welcher Zug? Welches Haus? Was für ein Konzert? Was für Bücher?	der Interrogativartikel	
dieser Zug, dieses Haus, diese Stadt?	der Demonstrativartikel	
ich, du, er, es, sie, ...	das Personalpronomen	
ich – mich, du – dich, er – sich, ...	das Reflexivpronomen	
der, das, die	das Relativpronomen	
für, mit, von, in, an, auf, ...	die Präposition	
in, an, auf, ...: Wir stellen den Herd in die Küche. Der Herd steht in der Küche.	– die Wechselpräposition	
an ... vorbei, bis zu, gegenüber, ... entlang, um ... herum	– die lokale Präposition	
bei dem – beim; in dem – im; zu der – zur; an dem – am	– die Kurzform	
zuerst, später, dann, zuletzt	Zeitadverbien	

Beispiel	Terminus	in Ihrer Sprache
Wer?, Wo?, Wohin?, Was?, Wann?, Wie?, Warum?, …	das Fragewort, das W-Wort	______________
Es regnet und es ist kalt. Es ist kalt, aber es regnet nicht. Mara mag nicht, wenn es regnet.	der Konnektor (das Verbindungswort)	______________
und, oder, aber, denn, sondern	– Konnektor + Hauptsatz	______________
weil, dass, wenn, ob	– Konnektor + Nebensatz	______________
Der Mann, ein Baby, keine Frau lacht.	der Nominativ	______________
Ich sehe den Mann / ein Baby / keine Menschen / dich.	der Akkusativ	______________
Wir helfen dir! Ich spreche mit der Chefin.	der Dativ	______________
Julias Handy, Peters Buch, Klaus' Auto, Max' Bruder	der Genitiv (bei Namen)	______________

Buchstaben und Laute

	Man schreibt ...	Man spricht ...	Beispiel		Man schreibt ...	Man spricht ...	Beispiel
a A	a aa ah	a̲ (lang)	**a**ber, J**ah**r, P**aa**r	**m M**	m mm	m	**M**ensch, i**mm**er
	a	ạ (kurz)	**a**rbeiten, kr**a**nk	**n N**	n nn	n	**n**ach, begi**nn**en
	ä, äh	ä̲ (lang)	sp**ä**t, w**äh**len	**o O**	o oh oo	o̲ (lang)	gr**o**ß, S**oh**n, B**oo**t
	ä	ẹ (kurz)	**Ä**pfel		o	ọ (kurz)	**o**ft, k**o**sten
	äu	oi	er l**äu**ft		ö öh	ö̲ (lang)	**Ö**l, sch**ö**n, S**öh**ne
	ai	ai	M**ai**		ö	ọ̈ (kurz)	k**ö**nnen
	au	au	**au**ch, br**au**chen	**p P**	p pp	p	**P**ark, Su**pp**e
b B	b	b	**b**is, sie**b**en		ph	f	Al**ph**abet, Saxo**ph**on
	-b	p	Ver**b**	**q Q**	qu	kw	**Qu**iz
c C	ch	(i)ch	i**ch**, wi**ch**tig	**r R**	r rh rr	r	**r**echts, **Rh**ythmus, He**rr**
	ch	(a)ch	ma**ch**en, Ku**ch**en	**s S**	s ss	s	**s**ich, e**ss**en
	chs	ks	se**chs**, der nä**chs**te		s	s	**S**onne, **s**ehen
d D	d	d	**d**as, fin**d**en		sch	sch	**sch**ön, Ge**sch**enk
	-d	t	Bil**d**		sp	schp	**sp**ät, **sp**rechen
	-dt	t	Sta**dt**		st	scht	**St**ück, **st**ehen
e E	e ee eh	e̲ (lang)	L**e**ben, M**ee**r, g**eh**t		st	st	Sam**st**ag, lu**st**ig
	e	ẹ (kurz)	**e**ssen, l**e**rnen		ß	s	gro**ß**, hei**ß**en
	-e	e	Flasch**e**	**t T**	t th tt	t	**T**ag, **Th**eater, bi**tt**e
	-er	a	Mutt**er**		-t(ion)	ts	Informa**t**ion
	eu	oi	**eu**ch, h**eu**te	**u U**	u uh	u̲ (lang)	g**u**t, **Uh**r
f F	f, ff	f	**F**lasche, o**ff**en		u	ụ (kurz)	**u**nd, B**u**s
g G	g	g	**g**ern,		ü üh	ü̲ (lang)	**ü**ber, fr**üh**
	-g	k	Ta**g**		ü	ụ̈ (kurz)	m**ü**ssen
h H	h	h	**h**eißen, **h**elfen	**v V**	v	w	**v**ariieren
i I	i ie ih ieh	i̲ (lang)	Kl**i**nik, l**ie**ben, **ih**n, s**ieh**t		v	f	**v**iel, **V**ater
	i	ị (kurz)	**i**mmer, l**i**nks	**w W**	w	w	**w**ann, sch**w**immen
	-ig	-ich	wicht**ig**	**x X**	x	ks	Pra**x**is, Bo**x**er
j J	j	j	**J**ahr, **J**uli	**y Y**	y	ü̲ (lang)	t**y**pisch
k K	k ck	k	**K**äse, Bä**ck**erei		y	ụ̈ (kurz)	S**y**mbol
l L	l ll	l	**L**eben, bi**ll**ig	**z Z**	z	ts	**Z**ahl, ankreu**z**en